万物の起源

万物の起源

唯意識論が全てに答える

中込照明

海鳴社

はじめに

本書はわれわれが意識世界に住んでいるという事実を出発点とし、量子モナド論（別名、唯心論物理学）を思考軸として、人間が存在している意味を解明しようとした試みである。結論を先取りして述べるならば、「われわれの意識、情念、観念、感性は進化の過程で偶然に獲得されたものではなく、モナドの本質に根差したものである。したがって、また他の動物はもとより、植物、さらには物質に至るまでわれわれと同じ意識、情念、観念、感性を共有し理解しあえる。」との主張になろうか。

本書は以下の四つの章から構成されている。

第一章は意識編として、われわれの住んでいる意識世界の諸相をさまざまな方向から記述している。

第二章は原理編として、量子モナド論の基底構造におけるモナドが人間の意識世界をもつに至るまでの一つの可能なシナリオを示している。シナリオなので厳密な推論の上に構築した体系ではない。全体を見渡す一種の見取り図である。この章の記述は解りづらいかもしれないが、モナド論の雰囲気が掴めたらそれでよい。

第三章は人間編として、こうしてできた人間意識の作る社会の意味をモナド論的に解明している。

第四章は霊界編である。霊界が出てきたところで「トンデモ本」だとして拒絶反応を示す向きもあろうかと思われるが、モナドは不生不滅なので、肉体が滅んだ後その意識を担っていたモナドはどうなるのかという疑問が当然湧くのである。それを扱うのがこの章である。霊界についてのモナド論的解釈を与えている。

なお、本書では随所で、とりわけ第三章で、いろいろと世情批判のようなものを書いている。これは何も経済学、医学、社会学等の詳細な知識に基づく記述でもなく、また独自ルートから得た情報による記述でもさらさらなく、単に一般的情報をモナド論的に解釈しただけである。いわば、実社会の諸現象にヒントを得た観念社会での世情批判である。なので実社会にあてはめたときに事実誤認と感ぜられることもあるかもしれないが、その点はご容赦願いたい。

「物」、「モノ」、「もの」の区別について

本書ではこれらの言葉を次のように区別して使っている。

•「物（モノ）」は具体的な形や位置をもつ物理的物体を表す。机、椅子、鉛筆、家、車、空、海、海岸、犬の身体、人体、…など。これらの概念を表すのではなく、個物を表すことに注意。

•「物（ブツ、モツ）」は熟語の中に現れ、その意味はさまざま、存在物、動物、植物、食物、…など。

•「モノ」はわれわれの意識世界の存在物すべてを表す。形あるものもないものも意識世界で経験されるもので名前をもつものあるいは潜在的に名前をもちそうなものすべてを表す。この文に出てきた「もの」は「モノ」に置き換えてもよい。概念としての「机」はもちろんモノである。

•「もの」は代名詞として使われる。英語の関係代名詞 what のようなもの。代名詞なのでその内容はさまざま。

以上の点を心にとめて本書を読んでいただきたいが、区別が難しいところもあり、

厳密な区分けをしているわけではない。おおよそのところ、

・「もの」は「モノ」を含み、「モノ」は「物」を含むの関係を理解していただけたらよい。

引用文献について

本書では随処で参考にした書籍の題名を挙げているが、それらはすべて一般に流布している本でありネットの検索で容易に見つけることの出来るものばかりであるので詳細な文献情報は載せていない。気になる方は適宜検索していただきたい。

もくじ

第四章　霊界編……180

第一章　意識編

――われわれは意識世界に住んでいる――

意識は存在しない？

徹頭徹尾の物理学者としては意識なるものは存在しないと言わなければならない。物理学者にとって意識ほど説明不可能なものはない。心理学分野などでは無意識の神秘といったことが語られるが、物理学者にとっては意識こそ神秘であり、すべてが無意識で済ませられるのなら何の問題もないのである。実際人間は物質でできた高度に複雑ではあるがただの機械であることには違いはないと主張する向きもあるようである。その際意識は脳が作り出したもので、それを勝手に意識として感じているだけだということらしい。そのような考え方を『唯脳論』というらしい。しかし、「感じている」と言った時点で、既に意識の存在を認めていることになる。「われ感ずる、故にわれ有り」である。「われ思う、故にわれ有り」と同じことである。このデカルトの言葉を「思い続けること考え続けることが重要だ」という意味だと解説しているのをときどき見るが、たぶんデカルトの言いたいこととは違っていると思う。文字通り解釈するなら、「われ思う」「われ感ずる」その時、誰が、何が、思い、感じているのか。その答えが「われ有り」である。

精神現象も含めてわれわれが経験しうるあらゆる事象を物理学の言葉だけで（すなわち無機的な物質とその力学的な振る舞いだけで）説明できるとする考え方は機械論と呼ばれる。あらゆる現象は物質とともに存在し、そして物質は物理法則に従うことを考えるならば、機械論はきわめて自然な考え方である。ほとんどの自然科学の研究者は、意図するとしないとにかかわらず、機械論に支配されているといってよい。

機械論はデカルト、ニュートンの時代までさかのぼる。その当時の機械のイメージの源は機械時計にあり、ニュートン力学の成立とともに天の時計と地上の機械時計とが同一視され、機械論が現実味を帯びはじめたようだ。とはいっても、当時のニュートン力学で記述可能な自然現象はごく限られたものであり、いくらでも機械論への反論の余地はあった。

このような場合、機械論の主張者は原理的記述可能性を挙げるのである。問題となっている現象の記述を具体的に示すことができないのは単に対象がきわめて複雑であったり、対象についての情報が足りないためであり、理論に矛盾があるのではない、という主張である。もちろんこのような主張も、物質の微細な構造についての情報が増えるにしたがい、原理的に記述不可能という証拠が示されれば、危うくなる。当初の機械論も何度かそのような危機に瀕したのであるが、その都度、電磁気学や統計力学などにより力学を改良強化することにより、原理的記述の可能性を維持してきた。

さて、時は下り量子力学の時代となり、原理的記述の可能性に対する反論は影をひそめた。量子力学は原理的に物質の微細な構造から巨視的な構造にいたるまで一分のすきもなく適用可能であり、「あらゆるもの」を記述する理論としての地位を固めたかに見える。さらに、現代のコンピュータ技術の進歩はすばらしく、いくらでも人間のまねをしうる機械が作れそうだという確信をわれわれに与えている。さらに、分子生物学や脳の生理学の進歩により生命や精神の機械としての構造が明らかになり、人間はよくできた「アシモ」や「アイボ」のようなものと見なしてもよくなった。現代では機械論は理論的にも心情的にも自然なものとなりつつある。

このような状況にあって、現状の物理学の枠組みでも原理的に記述不可能にみえる問題として注目を浴びつつあるのが意識現象である。とはいえ、現状の物理理論の中に意識現象を置くべき場所はどこにも存在しない。物理学としては、意識は存在しないと言ってしまえば何の問題もないが、現実の意識世界に住むものとしてはそれでは済まされない。唯脳論が言うように意識は脳が作った夢幻だとしても、その夢幻を見、聞き、その中で生活している主体は何なのかと問うとその主体も脳が作ったものだという答えが返ってくる。要するに夢幻が夢幻を見ているというまさに禅問答に帰着する。機械論、唯物論、唯脳論で意識を理解するには禅の悟りを開く必要がありそうだ。

われわれは脳が準備する意識世界に住む

青い海と小鳥のさえずり

今私の住んでいるところからは夕暮れ時の群青色の海と薄紫の空が、そして手前には日没直前の光に照らされさまざまな陰影をもつ緑色の葉の群れが見え、そしてそこから小鳥のさえずりが聞こえる。開け放たれた窓からは初夏のそよ風が肌に涼しい心地よさを与えている。もし私が詩人なら、ここで一編の詩を書くかもしれないが、あいにく私は物理学者なので、「見、聞き、肌で感じたもの」は何なのかという疑問が湧く。何を見、何を聞き、何を感じているのか。

まず、今見ている海の青い色とは何か。海面で反射した一定の振動数をもつ光の粒子が網膜上に達すると、その振動数の光子を受けもつ視細胞が反応し、興奮状態に入ると電気パルスが発生し、そこから延びる視神経に伝わり脳の視覚野というところに伝わり、神経伝達物質の放出等により継起的な神経回路の発火を経て青い色が見えるようになるらしいが、ここから先はわからない。そもそも「青い色」とは何なのか、青い色の意識はいかにしてまたどこに生成されるか、物理学では答えられない。現在の物質科学では、意識を置くべき場所がどこにもないからである。ということは、脳科学でも、心理学でも物質科学に基礎を置く限り答えられないということである。

小鳥のさえずりの場合も同様で、ウグイスがその声帯を一定のパターンで震わせると、空気の振動が発生し、それが私の耳の鼓膜に達し、その振動が聴覚神経に電気パルスを発生させ、それが脳の聴覚野に達し、神経伝達物質の放出等により継起的な神経回路の発火を経て「ホーホケキョ」という音声の意識として聞こえるようになるらしい。

さらに、そよ風のさわやかさは単に皮膚感覚だけでなく、視覚、聴覚、臭覚さらにはこの土地についてのさまざまな情報が関与して、脳神経回路の働きでさわやかさの意識を生みだしているようである。

信号の伝達経路を考慮するならば、青い色の意識、ホーホケキョの音声の意識、さわやかさの意識は脳が作り出しているように見える。しかもこれらの意識には空間的配置も付与されている。すなわち、青色の意識は奥行と広がりをもった海面の青として、ホーホケキョの意識は近くの梢の中のウグイスの鳴き声として、さわやかさの意識はこのあたり全体の情景として、脳は「私」に提示している。脳内の作用であるにもかかわらず外界として意識されている。

太陽と漁船

脳が作り出したといっても、勝手気ままに作っているのではなく、もともとある外界についての情報に基づいて外界を脳内に再構成していると通常は考えられている。しかし、色彩や音色はもともと外界には存在しないので、単なる再構成ではない。また、空間配置についても脳のある意味勝手な解釈による再構成であって、正確なものではない。例えば、水平線や地平線上の太陽が大きく見え、中天にある太陽は小さく見えるのは脳が想定する太陽の位置による。水平線や地平線上の太陽は遠くにあり、中天にある太陽は近くにあると脳は解釈している。あるいは太陽が移動する天蓋の形によると言ってもよい。天蓋の形として底の浅いお椀を伏せたような形を脳は想定している。中心に立ってみると真上は近く、水平方向の縁の部分は遠くにある。太陽は天蓋上を動くが、その視角は一定である。同一視角の場合、遠くにあるものは近くにある物より大きい物体と解釈され、解釈されたとおりに見えるわけである。

漁船が漁港から出て水平線に向かって走っているのを見るとき、その視角はだんだん小さくなっていくが漁船自体が小さくなっていくとは感ぜられず遠のいて行くと解釈される。一方、中天にあった太陽が水平線上に沈むときには視角は変わらないが水平線は中天より遠くにあるとみなしているので、太陽自体が大きくなって見えるのである。ただし、われわれは太陽が物として大きくなったり小さくなったりしないことは科学的知識として知っているので、単に「大きくなって見える」とだけ言うのである。

意識化の手続きは何故必要か

いずれにしても、われわれは脳が提示する意識世界の中に住んでいる。何故、脳はこのような意識世界を提示するのか。アイボ君やアシモ君の場合、床の上を移動して目的地に行くためには目から入った０１情報をコンピュータで処理し、目的地までの距離と方向と間にある障害物までの距離と大きさを計算し、手足を動かすモーターを制御するための０１情報をそれぞれのモーターに伝えるだけで済む。間に、０１情報で記述された計算結果をさまざまなイメージに変換する意識化の手続きを入れる必要はない。

今ここの窓から近くの海岸と遠くの水平線が見える。それらは遠近の距離感のイメージを伴って意識に挙がっているが、脳としては遠近の情報が理解できたらそれで済むわけで、何ゆえ意識イメージとして提示する必要があるのか。意識化を必要とする何かがあると考えるのが自然だろう。この何かに対する答えは、後に示すが、この段階では保留として、今しばらく脳と意識の関係について考えてみよう。

われわれは幻覚まみれの意識世界に住んでいる

外部対応をもたない意識経験を通常は幻覚（幻視、幻聴、…）などというらしい。この定義に従うなら、統合失調症や認知症患者が経験するだけでなく、日常的にわれわれは幻視や幻聴を経験しているといってよい。例えば、今この文章を書いているとき、書くべき内容を決めるために自問自答を繰り返してるが、このとき頭の中で自分の声が聞こえる。この声は外部の空気の振動が鼓膜を通して脳の聴覚野に達して聞こえたのではない。外部対応物は何もない。これも幻聴といってよいだろう。しかし、普通には幻聴とは言わない。それは発生源が自分にあることが分かっているからだろうが、耳から入ってきた声ではないので、幻聴には違いない。

晩年耳が聞こえなくなったベートーベンは楽譜を読むだけで頭の中でピアノが鳴り響いていたであろう。これも耳から入ってきた音ではないので、幻聴だ。

また発生源が自分なのかどうかあいまいな場合もある。例えば、俳優が一人で台詞を覚える練習をするとき相手役がその場にいなくてもその発話が聞こえてくるだろう。これも耳から入ってくる声ではないので、幻聴といってよい。さらには、面白い小説を読んでいるときなど、記述されている情景が音声、気分も含めてありありと意識されることがしばしばあるが、これも幻視、幻聴さらに一般に幻覚の一種だろう。

さらに睡眠中に見る夢は幻覚そのものであり、また、目覚めているときに見る景色や聞く音声においても、意識上に現れる色彩や音色そのものは外界に存在せず意識世界にしか存在しないのであるから、幻覚といってよい。また、太陽がその上を運行する天蓋のようなものも外界には存在しないので幻覚である。

子供のころ、保育園の先生がウサギの出てくる物語を話しているのを聞いていた時、目の前をウサギがぴょんぴょん走っている情景が見えたことがあった。このようなことは普通にあることであるが、そのときは目の前には先生しかいないのにウサギが見えたことが不思議であった。このような不思議感の経験は子供時代にはよくあることだが、長じて丁々発止《ちょうちょうはっし》の大人の生活になじんでくるに従いそのような不思議感は出てこなくなるようだ。

とはいえ、われわれは幻覚まみれの意識世界に住んでいることに気づかねばならない。日々われわれは確固たる現実世界に住んでいると思っているが、実は現実世界と呼べるのはこの意識世界の中のほんの一部であることに気づくべきだ。脳が作る意識世界においては幻覚と現実の区別は限りなくあいまいであり、現実は作られるものと心得るべきである。国や経済組織の支配者になろうとするものはこのことをよく理解しており、自分に都合のよい「現実」を作ろうとするのである。この作られた「現実」にわれわれはしばしばだまされるのだ。少々筆が先走ったが、この点については第三章で詳しく述べる。
ここでは、脳が作るこの意識世界の内容と仕組みについてさらに考察を深めてみたい。

意識上に現れる仮想世界

面白い小説を読んでいるときなど、小説の中の情景や人物が自分の意識世界に完全に乗り移ってしまうことがある。というより、乗り移ってしまう小説が面白いのである。小説の提示する世界とは文字情報に基づいて脳が構成する世界であり、五感情報から構成される世界ではないので、幻覚あるいは仮想世界である。夢の世界に似ている。夢と小説は相性がよい。だから夢を題材にした小説が書けるわけだ。『フロイトの函』という小説がある。夢の中で夢を見たり、夢から覚めてもまだ夢だったり。といった話が延々と続く内容である。私も夢の中で眠くなって布団にもぐりこんだところで目が覚めたことがある。もしかしたら夢の中で目が覚めただけでまだ夢の中なのかもしれない。

小説世界と夢世界は似ているけれど違いもある。前者は出入りが自分で制御できるが、後者は基本出来ない。小説の世界に入り込んでいても、目を転じれば窓から海の上を鳶が飛んでいるのが見えたりする。夢の場合は目を転じることはできても、そのまま夢の中である。出入りは自由ではない。出入りできないという点では、現実世界も同様だ。現実世界は五感情報に基づいて脳が構成するものであり、外界そのものではないが、勝手に出入りはできない。というか、出ようにも出る場所がないようだ。どうしても出たい人は自殺とかするようだが、それで求める別世界に行ける保証はない。もっとも、これも程度問題で、統合失調症など脳の調子の悪い人では現実世界と夢世界が混ざり合う人もいるようだ。とはいえ、それは単に周りの人には見えない聞こえないというだけで、本人は実際に別世界に漂い出ているのかもしれない。

ときどき、背後霊や前世の姿が見えるという人がいる。ほとんどは演技で商売ネタにしている人のようだが、中には実際に見えている人もいるようだ。脳はさまざまな仮想世界を作り得るので、仮想世界の中の人を見ているのかもしれないが、単に脳の作用ではなく、実際に背後霊や前世があるという可能性も簡単には否定はできない。そもそも意識の謎が解明されていないのだから。

以上まとめて、脳がわれわれに提示する意識世界は五感情報から構成される現実世界以外にも仮想世界が複数ありうる。現実世界と仮想世界の違いは現実世界が他人と共有可能なのに対して仮想世界は基本的に個人的なもので、他人とは共有されない。ただし、これも程度問題で、一つの物語を大勢で聞いている場合や、映画館で大勢の観客が一つの映画を見ている場合などは、その場における人々の間で仮想世界が共有されることはある。また現実世界にしても、個人的な背景が忍び込んで、共有が崩れることもある。現実世界といっても五感情報だけから構成されるものではなく、個人的経験やさまざまな外から吹き込まれた情報などに影響されるからである。

いたるところに感情移入がある

現実世界にさまざまな彩どりを与えるものに感情移入がある。一般的には、感情移入とはさまざまな対象物に対して自分のもっている感情を映し入れてあたかも対象物がその感情をもっているように感じてしまう心の働きのことのようだ。

例えば、窓から桜の木が見えるが、そのてっぺんがちょうど私の目線の位置にあり、そこに一羽のスズメより一回り程大きい鳥（たぶんヒヨドリ）が毎日ほぼ同じ時間にとまり水平線の彼方をボーっと眺めている。この「ボーっと」が感情移入である。自分がいつもボーっと水平線の彼方を見ているのになぞらえているわけだ。

初夏に一斉に芽吹く緑の群れに生命の発露を感ずるのも感情移入、その茂みの中で「ホーホケキョ」となくウグイスの声が楽しげなのももちろん感情移入だ。

人工物に対する感情移入もある。車の正面がかわいい顔に見えたり、怖い顔に見えたり、笑い顔に見えたりする。壁に猫と鼠の漫画のカレンダーがかかっているが、その漫画の猫と鼠はとてもかわいい。また、アイボやアシモの動きを見ているとあんまりかわいくは見えないが何か心をもっているように感ずる。

感情移入の対象は人や物など具体的形をもつものだけでなく、行為や運動、状態に対する場合もある。それらは通常擬態語、擬音語によって表される。「しとしと降る」「とぼとぼ歩く」「さっさっさと片付ける」「のたりのたりと波打つ春の海」「ポツンと一軒家」これらはすべて観察者の感情移入である。ところで、「ポツンと」は英語のポイント、イタリア語のプントに似ている。たぶん小さく孤立した状態と「ポツンと」という言葉の響きに感ずる情念が人類的に共通しているのだろうとはちょっとした思い付きである。たぶん言語の専門家は否定するだろう。

場所に対する感情移入もある。夜墓地を歩くことになったらそこは怖い場所になる。デパートの婦人ものの下着売り場近くを通るときなど、その場所はかなり気恥ずかしげな空間になる。葬式会場は悲しげな気分に包まれ、結婚式場は楽しげである。これは一般的な場合だ。恋敵の結婚式に招かれた場合にはそこには苦い空気が流れることだろう。これらはもちろん感情移入だ。

意識世界にあるモノにはことごとく感情あるいは情念が結びついているといってよい。

情念と感情は似た意味の言葉であるが、使われ方に若干違いがある。「感情的」とは言うが「情念的」とは言わない。感情は一般的だが、情念は哲学用語的である。ここでは、感情は感情的なるもの一般を表し、情念は個別の感情的要素を表すとしておこう。

要するに、われわれの住む意識空間は情念の渦巻く世界であり、それが普通であり、対象への感情移入が特別な現象というわけではない。

感情移入は意識世界の意味付けである

そもそも意識世界とはその所有者すなわち自分が生活している世界である。生活するとはその意識世界の中で楽しんだり苦しんだりしつつ意識世界に働きかけその中に変化をもたらすことである。その際、意識世界に現れるあらゆるモノに感情移入という形で結びつけられている情念が行為を促す。すなわち情念は行為の根拠を与える。言い換えれば、脳は意識の情念を刺激して行為主体の判断を支える。要するに、感情移入は意識世界の意味付けである。

例えば、車を運転していて、対向車線を大型トラックなどが通過するとその車に対して重量感、威圧感を感ずる。また、自転車の横を通過するときにはふらふら感が伝わってくる。これらの情念に従って注意の仕方が変わってくる。

第一印象

人を見て、第一印象で好印象を受ける人物と悪印象を受ける人物とがあるが、好印象の者とはその後よい関係が継続することが多く、逆に悪印象の人物とは、はじめは人相で人を判断してはいけないという気持ちから付き合うのだけれども結局不和になるという経過をたどることが多いようだ。また、ユーチューブなどで情報発信している人の場合、その人相でこの人の話は信用できないというよりしたくないという気持ちが湧いてくることがある。このような場合、少なくとも私の経験では、そのような人の話はたいてい根拠がない、あるいは勘違いによる話である。別に人相学を学ぶまでもなく脳が与える第一印象はかなり正確だ。一目ぼれも同様だ。多くの場合ひとめぼれは正しい判断となるが、中には脳が壊れている人もいるようで、何べんも一目ぼれで失敗することもあるようだ。そのような場合には、脳の作り直しを考える必要があるが、脳の壊れている人にはそれはなかなか難しい。だから、人生相談のようなものが流行るのだろう。

人物の第一印象は脳が暗にその人物の品性や経歴を推測した結果を好悪の感情として意識化したものである。前に述べた背後霊や前世の姿が見えるという人はこの脳の働きが昂進して、好悪の感情だけでなくさらに具体的像として表現するようになったものとみてもよいかもしれない。もちろん、前にも述べたようにそれらの像が実在を表している可能性も否定はできないが。

少年の姿に涙する

以前、交差点で停止中に向こうの横断歩道を一人の少年が足を引きずりながら渡っている様子が目に入ったことがある。たぶん小児麻痺を患った少年だと思われるが、その一歩一歩足元を確かめながら歩いている様子を見ながら思わず涙がこぼれた経験がある。この涙は何なのだと自らを振り返ったとき、それが「かわいそうの涙」ではなく「神々しいものを見たときの感動の涙」であることに気づいた。少年の姿に神を見てしまったのである。中風の爺さんが歩いているのを見ても大変だなあとは思っても涙は出ない。少年の場合には神に愛された人という気が漂うのである。もちろん感情移入である。

人生相談

　以前、人生相談の番組で、相談者の話す行状を聞いた回答者が「とてもあなたには感情移入できない」というのを聞いたことがある。この場合の感情移入は回答者が相談者の身になって感ずる感情からその行状の意味を理解しようとすることを意味するだろう。しかし、回答者はそれが出来ないあるいはやりたく無いと言っているわけだ。たぶん後者だ。回答者は相談者の話を聞いた段階で感情移入を完了し、その行状の意味を理解してそのあまりのおぞましさに嫌悪した結果としてこの発言になったと考えるのがしっくりする。この「しっくり」も私の感情移入による解釈だろう。

　こうしてみると感情移入の例には際限がない。むしろ意識世界に現れるモノのうちで感情移入の伴わないものを見つける方が難しい。意識世界は感情移入の塊であるといってもよい。われわれの住む意識世界を情感豊かな喜びの世界にするのも、あるいは殺伐たる悲しみの世界にするのも自身の脳が作り出す感情移入の塊である。いずれの世界に住むことになるかは自身の脳の育て方による。

対象自体がもつ感情は感情移入で代用される

感情移入にはいろいろあるが、その対象が人や動物の場合、対象自体がその感情をもっている可能性があるが、その内面を直接観察はできないので、感情移入がそのまま対象の感情として扱われるようになる。それが多くの人にとって共通であれば、特にその傾向は強くなる。例えば、映画などはこの効果を使っている。映画を見ている場合など、映像そのものにはもちろん感情はないのだけれども、多くの場合、感動して人によっては涙を流したりする。まれには何も感じない人もいる。そのような人は冷めた人と言われる。いずれにしても、映画の鑑賞者は映像と音声が作り出す仮想世界の中にさまざまな情念を自らちりばめ、その中で感動したりしらけたりするわけである。前者と後者の違いは情念を発動する力の大小によるのだろう。

百足と大蜘蛛

我が家には百足《むかで》がしばしば侵入するが、見つけ次第叩き潰していることもあり、人の気配を感ずると慌てふためいた動きをする。それがいかにも人を恐れているように見える。これも感情移入であるが、百足も生き物なので実際に恐怖を意識しているかもしれない。とはいえ、私の意識世界に現れた百足に付随する情念は私の脳が与えたものである。しかも二種類の情念が与えられている。一つは怖さの情念（私が感じている恐怖の投影）と先に述べた百足の方が怖がっているという情念の二つである。

また、我が家には大蜘蛛《おおぐも》が住み着いているが、こちらは益虫ということで、そっと逃がしてやったりしている。蜘蛛の動きから安心している様子が見え、また可愛げに感ずる。これも百足での場合と同様な二種類の感情移入である。

無生物の場合ではお掃除ロボットがある。この動きにはけなげな様子が読み取れる。もちろんこれも感情移入であるが、一種類である。ロボットは機械であるが、生き物に見立てられるので、本来なら二種類の感情移入がなされるはずが、ロボット自体がもつ意識世界というものは想定されないので、一種類の感情移入しか与えられない。もちろん非常によくできたロボットなら、二種類の感情移入がなされることもあるであろう。

百足や蜘蛛がそれ自体の内的世界をもっているというのは単なる想定であるが、相手が人の場合は当然同じような脳組織をもっているわけだから自分と同様な感情移入に満ちた意識世界をもっていると考えられる。それを敷衍《ふえん》すると、鳥や犬猫のような脳をもつ動物の場合もそれなりの意識世界をもつように思われる。しかし、アイボやアシモから分かるように外見だけからは判定できない。検証する術はないのだから、百足や蜘蛛の場合と変わらない。

枯れ木に吠える犬

昔、犬を飼っていたことがあり、散歩に連れ出し少し遠回りをし、いつも通る道ではないところを歩いているとき、不思議な形をした枯れ木に出くわした。そのとき、犬はしばらくその枯れ木を見つめた後「ウーッワン」を吠えたのである。このとき私は確かにこの枯れ木に対する不思議感を犬と共有したと思ったのだが、これは犬に対する私の側の感情移入で犬は単に条件反射的に吠えただけと見ることもできるし、あるいは犬自身が不思議感を意識していた可能性も考えられる。後者の見方についても肯定することも否定することもできない。これは人に対しても同じで、他人が見たり感じたりしていることを直接知ることはできない。もちろん、表情や言葉によって間接的には知ることはできない。表情や言葉は他人の意識内のモノに関連はしているだろうが、意識内のモノそのものではない。この点犬の場合と同じで、程度の差があるだけである。現状の理論的枠組みでは犬や他人が私と同じモノを見ていると主張することはできない。たぶんそうだろうとしか言えない。この主張を通すためには新たな理論的枠組みが必要である。その理論を展開するのが本書の中心課題であるが、今しばらく意識世界の中を散策しよう。

意識世界には自分は存在しない

——言い換えれば、すべてが自分だ——

例えば、「私は悲しい」とか「私は嬉しい」とかいう表現は自他の区別が生じた後の反省的表現であって、もとはと言えば、経験した状況そのものが悲しかったり嬉しかったりするわけである。落語を聞いて笑っている人を横から見て、「その人が面白いと感じている」と記述することはできるが、本人にしてみれば、単にその落語が面白いのである。本来の意識世界には自分は存在せず、対象物のみであり、情念は対象物に付与される。生まれたばかりの赤ん坊には「私」は存在しないが、長ずるに及んで、自他の区別を学び、仮想的な自分を意識世界に導入するようになる。そして本来対象物に与えるべき情念を自分に付与するようになる。

意識世界はその所有者は自分であるけれども、それは対象世界を映し出すためのものであって、自分のイメージは映さないようにできている。意識世界の所有者が自分であるということは意識世界のすべてが自分であり、自分の自由意志の及ぶ世界であることを意味する。にもかかわらず、意識世界内に仮想的な自己イメージを導入し、そのイメージばかりを見つめ、自分の操作できる対象を自己に限定して、自己の外への作用可能性を忘れてしまう。その結果、さまざまな悩みを発生させるようになる。先の例でいえば、落語を聞いても、率直に楽しめなくなるわけである。自己イメージにより自己を客観的に見るのはよいが、この意識世界が自分の世界そのものであることを忘れてはならない。この落語はこの意識世界の中でそのまま楽しいのである。「私」が落語を聞いて楽しんでいるのではない。

この章の初めに出した「われ感ずる、故にわれ有り」も正確には「感ずる、故にわれ有り、故にわれ感ずる」とすべきだ。最後の「故にわれ感ずる」は「故にわれ有り」と反省した結果として出てくる。デカルトのもとの言葉も、「思う、故にわれ有り、故にわれ思う」とすべきか。

『雪国』と『Snow Country』

小説は表現であるとともに内容でもある。サイデンステッカーの英訳『Snow Country』は表現としては異なるが、内容としては川端の『雪国』と同じである。表現については日本語と英語の違い以上の違いがあるように見える。実際読んでみると『Snow Country』は翻訳というより、英語による『雪国』の解説のように感ぜられる。

- 国境の長いトンネルを抜けると雪国であった。
- The train came out of the long tunnel into the snow country.

『雪国』が主人公のあるいは作者のあるいは読者の意識世界に現れる情景をそのま

ま記述しているのに対して『Snow Country』は意識世界を解釈しなおして客観的に記述している。映像でこの二つを表現するなら、前者はカメラは列車の中に設置され、意識世界の主体はカメラの後方に位置し、レンズに映らない。一方、後者のカメラの位置は外それもトンネルの出口あたりになり、列車の窓越しに意識世界の主体を映す。映像としては前者の方がはるかにダイナミックで感動的だ。英文でも意識世界をそのまま記述することは可能だと思われるが、そもそも訳者には意識世界を記述しているという認識がないのだと思われる。何が何をどうしたということに視点が向いているようだ。

内容を理解するだけなら、読者としては客観的記述の方が理解しやすい。しかし、物語に入り込んでその情念を中から味わうにはやはり『雪国』を読まねばならない。小説の内容とは仮想世界であり、読者はその仮想世界を自分の意識世界に取り込み、そこに展開される小説世界を生きることによって小説を味わうことが可能になる。

「水が飲みたい」と「水を飲みたい」

英訳するとどちらも「I want to drink water」となる。「水」は「飲む」の目的語なのだから、「水を飲みたい」が正しいとする意見をときどき聞くが、意識世界の原則を理解しない者の言である。少なくとも、私にとっては「水が飲みたい」は「頭がいたい」や「腹がいたい」に類する表現としての語感がある（文法の話ではない）。そもそも先の英文を「私は水を飲みたい」と訳すのは多くの場合誤訳だろう。英語の「I」は単に発信元を表す文法用語にすぎない。一方日本語の「私」には強力に自己イメージが結びついている。だから日本語の一人称を表す言葉には、私、俺、あたし、わらわ、僕、我、手前、拙者、小生、小職、朕、余、おいどん、…など切りがない。「水が飲みたい」は意識空間内での「水」に「飲みたい」という情念が結びつけられていることを表している。イタリア語でも通常「水が飲みたい」は「Voglio（したい）bere（飲む）acqua（水）」となり、一人称を表す「Io」は出てこない。これは、動詞の人称変化によってIoがなくてもわかるので、省略されているると時に説明されるが、これは誤りであろう。「省略ではなく、無いのが正常で、特に強調したいときにIoを付ける。」と説明すべきだろう。

同様に、「I love you」も「私はあなたを愛する」と訳したら、たぶん誤訳だろう。正しくは、「あなたが好きだ」あるいは「あなたに惚れた」である。意識空間に現れる「あなた」に対して「好き」の情念が結びついていることを表している。

意識空間はモノに満ちている

われわれは各自の所有する意識世界の中で生活している。この世界はさまざまなモノで満たされている。まず第一は物理空間とその中に位置を占めるさまざまな物(物理的モノ)である。これには、家、車、机、椅子、鉛筆、ズボン、シャツ、山、海、空、鳥、百足、人、頭、腹、手、足、などなど限りない。ここに挙げたものはみな形をもつ。空気や水のように明瞭な形をもたないものもあるが、いずれにしても、物理空間に位置を占めることには変わりがない。このような物を物理的存在という。

物理的存在でないものもある。色、音、情念、匂い、痛み、快感など。ここに挙げたもののうち、色、音、匂いは物理的存在に密接に結びつけられているため、これらを物理的存在と考える人がいても不思議でない。

色

しかし、物理空間には電磁波の一種である光波また素粒子の光子は存在しても、色は存在しない。色は光波とは直接の関係はなく意識空間に存在する。目から脳に来る信号に色はついていない。脳がこの信号を色に結び付けているだけである。あるいは意識側に主体を置くなら、意識が脳におけるこの信号を色として解釈している。

さらに言えば、われわれの見る世界は単に色の集合体ではなく、光沢感、艶消し感などの表面感、さらに、輪郭感、距離感を伴って視覚像を形成している。これらは網膜上のビットマップ情報から脳が計算によって抽出し視覚像としてまとめて意識世界に渡している。あるいは意識が脳による計算結果をそのような視覚像として解釈していると言った方がよいかもしれない。脳によるこの計算過程はコンピュータグラフィックス（ＣＧ）での計算過程から推測できる。脳の仕事はＣＧの計算過程の逆過程である。ＣＧの場合、物体情報を数理的構造物として設定し、そこからモニターに表示すべきビットマップ情報を計算するわけであるが、この計算過程は可逆ではないので、脳が行う計算は単純なものではない。動きのある複数の画像および対象に関する過去のデータ等を加味して元の構造物を構成する。いずれにしても脳が構成する構造物は数理的な物である。ここで数理的と言っているのは脳の神経回路内の構造物という意味である。この構造物が意識空間にマップされて初めて視覚像が現れる。

音

空気の振動と音の関係も同様である。音は空気の振動波とは直接の関係はなく意識空間に存在する。われわれは声を出さずに歌を歌ってその歌を意識することができる。聴覚を失ったのちのベートーベンの意識世界でも運命の曲が鳴り響いていたことが想像できる。意識世界内において、色は空間的であり、音は時間的である。これが、視覚像が色に結び付き、聴覚像が音に結び付いた理由であろう。音波によって空間的に物体を感知する蝙蝠《こうもり》はもしかしたら音波を色に結び付けているかもしれない、魚群探知機の高級版をもっているかもしれない。

匂い

化学物質と匂いの関係もまた同様である。匂いは化学物質と直接の関係はなく意識空間に存在する。化学物質が臭覚細胞を刺激せずに匂いを感ずることは難しいが、できないわけではない。例えば、テレビでカレーを食べている広告を見ているときカレーの匂いを感ずることがある。コーヒーを淹れている映像でコーヒーの香りを感ずることもある。たぶん訓練次第で、ある程度自在に匂いの感覚を呼び出すことができるようになるだろう。もちろん臭覚器を経由せずに匂いを感ずるわけである。

感覚素材とモノ

いずれにしても、物理世界といえども、意識世界にマップされたものは意識世界の素材によって表示されることになる。そのような意識世界の中でわれわれは生活している。決して生の物質世界の中で生活しているのではない。

意識世界では、右にあげた色、音、情念、匂い、痛み、快感、それらに付け加えて、形、距離感、動きなどの基本素材からさまざまなモノが構成され、この世界を満たしている。物理世界のモノは適宜切り取られ名付けられて新たな意識世界のモノとなる。一続きの空間、一続きの物質を適宜切り取り名付けられてモノとなる。土の盛り上がりが山となり、水の大きなたまりが海、揺れ動く海水が波となる。だから、山も海も波も意識世界のモノである。もちろん、土や水もモノである。物理的空間も適宜切り取られ名付けられて意識世界のモノとなる。窓の外に海が見えるが、この「外」は空間を切り取ったモノである。とりわけ、人工物は意識世界内で意味をもつモノとして生成されるので、物理的存在としての特徴をもっている場合でもその創出の当初より意識世界内のモノである。

感覚素材に結び付かないモノ

前節で挙げたモノは、形あるモノもないモノも、みな感覚素材に結び付いていた。意識内には感覚素材に結び付かないモノも多数ある。例えば、小説、音楽、映画、言葉、概念、会社、国家、お金、などいくらでもある。場合によっては、これらも形ある物として考える人もいるであろう。特に物質主義者ではこれらを物理的存在物に結び付けて理解しようとする。小説は本や朗読に、音楽は楽譜や演奏に、映画はフィルムや上映に、言葉は文字列あるいは音韻列に、概念は言葉に、会社は社屋に、国家は領土に、お金は紙幣や硬貨に、などなど。これらはしかし何となく本質から外れている感じがする。これらのモノについては第三章でより系統的に扱う予定である。ここでは、小説と本について若干の考察を試みる。

小説と本

『雪国』を書いたのは川端康成だが、それを載せている本とこの小説を同一視することはできない。本は物体であるが、小説は物体ではない。では何か。情報だという人もいるであろう。情報は何らかの物体の上に載せてはじめて存在しうる。情報とそれを載せている物体はもちろん同一視できない。では情報とは何か。情報科学的には単に記号列である。では記号とは何か。いくらでも同じものが作れてしかも同じか否か明瞭に区別できるものなら何でもよい。そのような性質をもつ物のうち記号として扱うと決めたものが記号である。では記号として扱うとは何を意味するのか。そもそもこれまでに人が作ってきたものはすべてこの記号としての特徴を備えている。その中から適当にいくつか選んで特定分野での表現のために使うようにしたものがその分野での記号ということになる。コンピュータ分野では0と1が記号として選ばれている。もちろん0、1には意味はなく二つの記号であればなんでもよい。モールス通信の「トン、ツー」でも、易の「陰、陽」でも構わない。ただ色々あると混乱するので「0、1」としているだけである。日本文学の分野では日本語文字（漢字、ひらがな、カタカナなど）が基本の記号となる。それで『雪国』は川端康成が作った日本語記号列である。そして、その記号列がどこに存在するかと言えば、原稿用紙あるいは本の上のインクの染みとして存在していることになるが、どう見ても本質からずれている。物理空間上にその存在場所を探そうとすれば、どうしてもこのような無意味な話になってしまう。

本もまた単なるインクの染みの付いた紙の束ではない。チリ紙交換（最近ではほとんど見かけなくなったが）に出す本は目方で値段が付くただの汚れた紙切れである。古書店にもっていった場合には、いい値段で買ってもらえる場合もある。このインクの染みのついた紙の束はそのインクの染みを記号の列と解釈し、さらにその記号列が意味するものを把握できる人がいてはじめて本となるのである。すなわち、本はただの物体として物理世界に存在するものではない。

では、どこに存在するか。この設問自体が間違っているとする御仁がいる。本についてここで述べた事柄は本の機能である。機能は物体ではないのだから、物体としての存在場所がないのは当然だという主張である。これは鋭い指摘のように見えるが、そうではない。

「式部の器」

例えば、今ここに陶器のコーヒーカップがある。これは粘土を成型してガラス質の釉薬を塗って焼き固めたものである。形も場所もあるので物理的存在物である。これにコーヒーを入れるという機能がついてコーヒーカップとなる。この器を平安時代の石山寺で源氏物語執筆中の紫式部のもとに届けると、たぶん液体を入れる器であることは理解するだろうから、「いと面白き器なり」などと言って、茶をたしなむのに使ったりするであろう。執筆につかれた時などは寺の坊主と般若湯を酌み交わすのに使ったかもしれない。そうこうするうちに、近くの信楽焼窯元の陶工が聞きつけて「式部の器」などと銘打ってコピー製品を大量生産して京の三条大橋辺りで売りさばき大儲けするなどという話になるやもしれない。

この場合、「式部の器」は人々の間でやり取りされる価値となる。価値そのものには物理的形も大きさもないが、人々の意識世界に存在するモノとなる。その際重要なのは「式部の器」という名付けである。名付けは意識世界の中でモノを生成する。そして、そのモノが人々の間でやり取りされることにより実在となる。

物体であろうと機能であろうと価値であろうと、いったん名付けられたモノは意識世界の中に存在するモノとなり、人々の間でやり取りされて実在となる。要するに、小説『雪国』はわれわれの意識世界に存在するモノである。

言葉は意識世界にさまざまなモノをもたらす

言葉は意識世界にさまざまなモノをもたらす。意識世界のモノはもともとイメージとしてのみ存在していた。それらイメージに言葉による名前が付けられると、縦横無尽に操作が可能となり、分解され、合成され、変換され、まとめられて新たに名前が付けられ新たなモノとして意識世界に登場する。

人工物は、形あるモノもないモノも、ことごとくこのようにして言葉によって作られる。具体的物体として存在するモノとしては、家、庭、車、道路、CD、本、鉛筆、床、天井、椅子、梯子、…。ちょっと目につくものを挙げただけだが、きりがない。形のないモノとしては、国家、家庭、経済、お金、数学、生物学、小説、机の概念、ハサミの概念、…。これも際限がない。形がないといっても、形あるモノに関連付けられていることもある。例えば、「家庭」には家族全員で食卓を囲んでいる情景などが関連付けられるかもしれない。また、「家庭」ということばは個別の家庭を表すことも、また家庭一般の概念を表すこともある。「小説」についても同様である。「机の概念」は個別の形ある机ではなく、机一般を表していて、形あるモノではない。個別の小説には形はない上に小説一般はさらに形がない。このように、言葉によって意識世界の中に作られるモノは重層的な存在となっている。あるいは、意識世界がそもそも重層的であり、それに応じて言葉も重層的なっているのかもしれない。たぶん後者の方が正しいだろう。

意識世界のモノの中には具体的な物体としては存在しないが、一定時間の間だけ耳や目でとらえることのできるものもある。朗読、演奏、上映、祭り、演劇、運動会、国と国の間の戦争、個人間の争い、などなど。こういったものにも名前が付けられ、意識世界のモノとして登場する。

さらには、もともと意識世界にある素材、青や赤の色彩、さまざまな音色、喜びや苦しみの情念、などにも名前が付けられ、モノとして扱われる。

情報操作によって意識世界に侵入するモノ

情報操作によって意識世界に導入されるモノがある。このようなモノは通常五感ではとらえられないが、モノとして実体化される。最近の代表例としては新型コロナウイルスが挙げられる。新型コロナウイルスは報道を通した情報操作によってわれわれの意志空間にもち込まれたモノであり、これに恐怖の情念が結びつけられている。この恐怖情念によって人々は容易に操作される。この現象は平安時代に京の都に跋扈《ばっこ》した怨霊《おんりょう》に比することができる。怨霊は当時の人々の意識世界には確実な実在として立ち現れたことであろう。平安時代の怨霊の媒介者であった陰陽師の代わりを今の世ではいわゆる感染症専門家が務めているようだ。（この話は後にまた触れる。）

また、私は若いころかなりの不潔恐怖症であって、公共物例えば電車のつり革や扉の取っ手、紙幣、硬貨、図書館の本などの表面には不潔な黴菌の類が巣くっているように感じ、家に帰ると手を石鹸でごしごし洗ったものである。これも見えないものに対する不潔感の情念が定着したわけであるが、その原因は小さい頃の生活習慣によって刷り込まれたものであり、一種の情報操作であると言える。

情報操作によって導入された情念は別の適切な情報操作によって取り除くことが可能である。私の場合、皮膚常在菌や腸内細菌、潜伏ウイルス等に関する正確な知識を得たことが契機となって、今ではこの不潔恐怖症からは完全に開放されたのであるが、この新型コロナの世になって街のいたるところに不潔恐怖症製造装置（＝手指消毒用スプレー器）が設置されており、その前に順番を待つ列ができているのを見ると不潔恐怖症がぶり返すのではないかと不快な気持ちになる。大人はともかく子供は将来確実に不潔恐怖症になると予想できる。

そのほか、情報操作によって意識世界にもたらされる情念としては、株価上昇への期待感、他国への怨念、将来の健康への不安、環境不安、それから古くからあるものとしては神仏の類もその範疇に入るだろう。

マスクの害について

ちょっと横道にそれるが、コロナの話が出たついでに述べておきたいことがある。昨今ほとんどの人が四六時中マスクを着けているが、これは幼児の成長にとって由々しき事態を招くだろう。人の人相を見る能力は幼児が言葉を習得するのと同じころに獲得されると思われるからである。こういった能力は成長過程の適切な時期に獲得されるもので、時機を逃すと獲得は極めて困難になる。例えば、強度遠視の子供はどこを見てもピントが合わないので、幼児期に眼鏡で矯正してやらないと、物の輪郭を抽出する脳の機能が育たず、長じてからではいくら眼鏡によって網膜上に焦点のあった像を映しても明瞭な像としては見えるようにはならない。人相を見る能力も長じてからではうまく獲得できず社会生活が円滑に送れなくなる恐れがあるかもしれない。そのようになったら多分人相判定アプリのようなものをスマホに仕込んで、自分の感性ではなく、アプリの出す数値によって相手を判定することになるだろう。

なお、マスクに関しては（一）表情コミュニケーションが阻害される、（二）同調圧力に弱い性格が強化される、などの問題がある。後に議論するように、人と人の間のコミュニケーションはそれぞれの意識世界の間に整合的な関係を構築する上においてもっとも重要な契機である。また、同調圧力は他人と同じことをすると安心し、違ったことをすると不安になるという心根に基づくが、このような心根を強化することは社会のまとまりにとってはよいことかもしれないが、そのまとまりが社会をよい方向に導くとは限らない。

コロナついでにさらにもう一つ。マスクの身体上の害三選。

（一）マスクは鼻や口の粘膜を過保護の状態に置くため、それらが本来もっている免疫機能を減退させる。私は通常マスクはしないのだが、マスクの監視人がいるようなところでは無用なケンカはしたくないので、マスクを付ける。そのようなとき、外に出て外すと私の髭はしっとりと濡れた状態になっている。ということは鼻の粘膜は湿潤状態を保つ仕事がサボれるわけで、結果その機能が低下する。衣服によって皮膚の寒暖の変化への適応力が減ってしまうのと同様である。

（二）マスクは細菌の培養器、ウイルスの係留地になる。だからマスクは頻繁に取り換えなければならない。たまに、カビの生えたマスクをしている人を見かけるが言語道断である。私の場合、マスクをすると咳が出るのだ。マスクをポケットに入れているため、ポケットの中のほこりが付着しそれがのどに飛んでくるからのようだ。

（三）二酸化炭素の残存量が増えることにより酸素供給量が低下し、そのため脳、免疫系をはじめとする身体全体の活力の低下が懸念される。特に、四六時中つけていると確実に影響が及ぶであろう。これらは直接には意識世界の問題とはならないが、意識－脳－身体の関係を通して間接的に影響を及ぼす。

意識は行為する自由をもつ

脳は高度に自律的ではあるが、意識の行為を請け負う仕事もする。行為は自由意志によって行われるが、全く自由にでたらめに行為が出るのではなく、意識は行為を脳に発注する際に外部世界に対する情報を脳と共有し、いくつかある選択肢の中から適切な選択を行う。そのため脳が再構成した世界の情報を意識が理解できる形で意識世界に取り込む。これが、脳による情報処理の結果が意識化される理由である。アシモ君やアイボ君には自由意志がないので、意識化の必要がないのである。

リベットの実験

ときどき、リベットの実験なるものをもち出して自由意志は存在しないと主張する人がいるが、どうしてそんな結論になるのか私にはさっぱり理解できない。その実験では被験者が手を動かそうとした時刻より早く脳が反応し始めるということを示したそうだが、被験者はいずれかの時刻に手を動かそうとしているわけで、その段階で脳はすでに準備段階に入っている。脳が準備完了となったところで被験者が手を動かす。あるいは、脳は意識の動きをモニターしていて事前に準備していると も考えられる。こちらが正しいだろう。さもないと、脳の反応が常に一息遅れることになり、意識としてはいつもイライラさせられることになるだろう。自動運転の車を考えても同様なことが起こる。車に乗り込むと、センサーが反応して画面に行先リストが出る。搭乗者はそこから選択する、あるいは新しい目的地を入力する。車は搭乗者がシートにしっかり座ったことを確認した後勝手に走り出す。この場合、車はかなり自律的だけれど搭乗者の自由はないなどとは主張できない。リベットの実験では被験者が実験に参加することを決心したことがそもそも自由意志の表れである。その後のことは脳が勝手に準備する。

リベットの実験で自由意志のあるなしが分かると考える人は意識と脳の関係を主人と奴隷の関係でとらえているわけだ。もし自由意志があるとすれば、手を動かそうとした時刻より後で脳が反応し始めるはずだが、実験結果ではその逆で、脳が動き出した後で手を動かそうという意識すなわち「自由意志」とされるものが発生した。だから「自由意志」は脳が作った幻想だと考えるわけだ。

しかし、意識と脳の関係を主人と執事の関係でとらえるならば、時間的な前後関係は問題でなくなる。有能な執事は主人の命令が発せられる前に諸々の準備を済ませているであろう。だからと言って、主人の自由意志がないなどとは言えないことは明らかだ。脳が意識の奴隷でないことは日々の自分の生活を少し反省してみるだけで分かる。自由意志は厳然と存在する。自由意志は意識と脳の共同作業の中で発揮される。脳は極めて有能な意識の執事あるいは協力者である。

リベットの実験というのは要するに自由意志が物質系に作用する決定的瞬間をとらえようとしたができなかったというだけのことだろう。

言葉とは行為列である

——発話、運指、運筆——

前に、名付けられてモノとなると書いたが、モノが先で名付けは後であろう。彫刻家が大理石の塊から作品を制作するとき、像の設計図に従って石を削っていくのではなく、石の中に閉じ込められている像を削り出すようである。これと同様に、意識世界の中にすでにあるモノを削り出し、それに名前を付けているのであるとする方が適切な気がする。ふつうは削り出しの途中で名前が付けられるので、その意味は常にあいまいさを含む。削り出しの深化と共に言葉の意味が明確になっていく。

モノの名付けには言葉を使う。

言葉とは何か。

言葉はモノを操作するためにある。言葉はまず意識世界において一連の行為列として生じ、脳において具体化される。行為の列ということは自由意志の働きである。この働きは行為列としての言葉に結び付けられたモノを意識世界に呼び起こすと同時に脳に対してその行為の具体化を促す。すなわち話したり書いたりという行動を起こす。

もともとモノには、見る、指さす、つかむ、触れる、など原始的言葉としての行為が付いていて、それらによってわれわれは意識内のモノを操作していた。物理的物はイメージによっても操作できるが、抽象概念についてはイメージ操作は難しい。この机をイメージすることはできても机一般をイメージすることはできない。一連の行為列として言葉の登場によって操作できるモノの範囲は一挙に広がる。

言葉としての行為列としては通常発声の列を使うが、これに限らない。ヘレンケラーのような人の場合言葉はまず指話から始まる。すなわち、運指の列が言葉である。

草書体の古文書をスラスラ読める人がいるが、そのような人は自分でもそのような書体の文が書けるはずで、墨跡から作者の運筆が読めるのだろう。素人は草書体の形だけから元の文字を判読しようとするからさっぱり何が書いてあるのかわからないのだ。古文書のプロの場合、運筆が言葉になる。

ヘレンケラーの場合

ヘレンケラー女史の自伝を読むとその意識世界の豊饒なのに驚く。サリバン先生が彼女の目となり耳となり育て上げた結果のようだが、師弟間の通信は運指による言葉だけである。彼女が最初に知った言葉は「水」だそうだ。一方の手を冷たい清水に浸し、片方の手に先生の指話が綴られた瞬間にあらゆるモノに名前があることを悟ったとある。それまではもやもやした彼女の内面世界はそれ以後徐々に明瞭な輪郭をもつ世界となっていたようである。視覚聴覚を使わずにこれだけ豊かな世界が彼女の内面に広がっているということは意識世界は単に外部世界を映しているのではなく内部自体に豊かになる能力があり、言葉により適切に開発すればいくらでも豊饒な世界が出来上がるということを彼女の自伝は教えている。なお、彼女は視覚聴覚以外の感覚は正常で、臭覚、肌感覚、体性感覚などの直接的感覚が彼女の内部世界を形作るのに役だったようである。特に体性感覚は人並み以上で乗馬やヨットを楽しんだようだ。とはいえ、あらゆるモノには名前があることを学んだことが豊饒な内部世界を作る最初の出発点になったようである。

われわれはまず言葉を操作し、言葉によりモノを操作する。これにより、豊かな意識世界を作り上げるのである。

自問自答とは

言葉はまた意識と脳の間のコミュニケーションの手段でもある。意識の言葉は行為列として脳において具体化されるので、脳はその言葉を理解する。特にその言葉が疑問文の場合には、その答えを返す。意識はその答えを行為列として理解する。これが自問自答によって自分の声が頭の中で聞こえる理由である。ヘレンケラーの場合にはたぶん運指の列を感じるのだろう。

何ゆえわれわれか

意識世界はそれぞれの脳が作り出したもの、そしてそこに埋め込まれている情念もそれぞれの脳が与えたものである。したがって、意識世界は脳ごとに異なっていてもよいはずのものであるが、通常、われわれは互いに同じ意識世界の中で生活していると感じている。普通には、脳は外界からの刺激を整理してわれわれの理解できる形式にしてわれわれに提示していると考えられている。というより、脳の提示しているものが外界そのものであるとして通常は生活している。しかし、夢の中で生活したり、統合失調症の人は「正常」な人には見えないものが見えたりすることから分かるように、脳が提示する世界が外界に対応しているということは自明なことではない。

そもそも脳は「われわれ」に提示しているのではなく、明らかに「我」だけに提示しているはずだ。にもかかわらずごく自然に「われわれ」と言いうる。それは、脳による世界提示という仕組みが「われわれ」と呼びうる範囲の個人すべてにおいて共通しているという暗黙の想定があるからである。さらに、仕組みが共通しているだけでなく、脳が提示する世界が「われわれ」の間で共通しているという暗黙の想定もあるであろう。

この暗黙の想定の根拠はわれわれの間で話が通じる、すなわちコミュニケーションが成立するという点にある。互いに相手が予想通りの行動をとる、すなわち広い意味で話が通じるところからもたらされるものであろう。先の犬の散歩中の出来事でも広い意味で話が通じたと言える。

「ジム」と「事務」

たまに、話が通じないこともあるが、しばらく話し合っているうちにずれが修正されて通じるようになる。私の経験した例では、夜ショッピングモールに出かけ二階のフロアーに灯がついているのを見た時の会話

（A）あそこはジムだろう。

（B）なかなか夜遅くまでやってるな。

（A）それは普通だろう。（ここまでは会話が成立した）

（B）仕事熱心だな。

（A）？？？（ここで違和感を感じる）

Aの言う「ジム」はスポーツジムだったのに、Bは事務（室）と解釈していたわけだ。この例でも、フロアーの灯、ジムという言葉の響きについては共通しているが、そこから先の解釈、推測がずれている。

五感を通した外界の情報から直接的に外界を再構成する脳の作用は人類にほぼ共通しているようで通常は話が合うが、そこから先、解釈や推測が入る段となるとかなり違ってくる。例えば、ある物体を見たとき、見えている部分と見えていない部分があるが、その物体の空間配置は見えていない部分も含めて意識化される。見えてない部分についてはこれまでの経験によって補われる。すなわち経験が異なれば別の物体として意識上に上がってくる可能性がある。

「三角」の概念と情念

物体の形は単に概念的なものではなく、情念が結びついている。幼児のころ小学校に上がる前に保育所に通っていたが、最後の日に先生がした話を未だに覚えている。先生は二つの三角定規を手に持って、まず二等辺三角形の方を掲げて「皆さんはこちらの方を三角と思っているだろうけれども、こちらも三角です」と言ってもう一方の二等辺でない方を示した。先生は要するに三角の情念と三角の概念のずれを修正しようとしたわけである。この話を未だに覚えているのは、このとき三角の概念が修正されたからではなく、「え、これが三角に見えないやつがいるのだ」という驚きがあったからである。

平面の富士山

また幼少時の経験であるが、小さい頃住んでいた所からは富士山が良く見えた。富士山は南に八十キロほど離れた所にあるが、間に山脈があり、その山脈の背後からニョッキと半身をのぞかせている格好になっていた。南方にあるため常に逆光で、初めのうちは立体感が感じられず薄っぺらな紙のようなものが手前の山の上に乗っかっているように感じられていた。その後、雪を頂く富士、夕日に照らされる富士を見、また富士山の南側に回って見たりなどの経験の結果、ようやく立体感の情念を富士の半身に結び付けることができるようになった。

柱に突き当たる

以上のよう解釈レベルでは各自各様の世界に住んでいるにしても、その元となる物理世界は各人に共通であるという強い確信をわれわれはふつうにもっている。しかしながら、この確信にも確たる根拠があるわけではなく、単に、より広範囲にわたって話が通じるということでしかないように思われる。単に他の人と話が通じるというだけでなく、実際に外部世界と相互作用することによってその存在が分かる場合もある。例えば、目の前に家の大黒柱がたっているが、まっすぐ歩いていくとそれに突き当たってそれ以上進むことはできない。やはりそこに大黒柱が存在しているのだという結論になる。しかし、突き当たるとはどういうことなのか考えてみるとこの結論も怪しくなる。

例えば、道路上を沢山の車が走っているとき、通常は衝突することなく付かず離れずの関係を保って流れていく。これは、周りの車の動きを見つつ速度を調節している結果だが、これを物理学者が力学的にモデル化する場合、車と車の間に物理的力が作用しているように記述するだろう。また、工事現場の立ち入り禁止の表示がある場所では、普通の人は立ち入らないだろう。これも物理学者はそこに見えない壁があると記述するかもしてない。「柱に突き当たる」は物理学者的記述である。もしかしたら、「柱があって先に進めない」という思いがあるからなのかもしれない。霊界では通り抜けたりするようであるが、ここは霊界ではないので、思いだけで通り抜けることはできないだろう。しかし、量子力学レベルで考えると、身体を構成する素粒子と柱を構成する素粒子の間で情報のやり取りをして通り抜け禁止の状態にしているという見方もできる。要するに素粒子レベルで話が通じている、すなわち、素粒子も含めてのわれわれというわけである。

第二章　原理編

―意識世界はモナドの内部状態である―

基底モナド構造から人間が誕生するまでを記述することがこの章の内容である。その過程で人間とは何なのかが解明される。

意識世界はどこに存在するか

―脳の内側と外側―

前章ではわれわれは意識世界の中で生活しているという直接的事実の上に立って、その世界がどのようなものなのかについて、縷々《るる》述べてきた。次には、その意識世界はどこに存在するかという疑問が湧いてくるであろう。脳あるいは生物関係の科学者は通常次のように答えるようだ。「意識は脳の機能である。機能は物ではないので、物として提示することはできない」などと。しかし、脳の機能である以上その機能が発現しているなら、その発現は脳の中にあるわけだ。なので、意識は脳の中にあることになる。意識現象は脳の中で生ずる。しかし脳の外から見ることはできない。頭蓋骨を開いて、脳を露出させても、神経回路上を電気信号が走っていたり、神経伝達物質の放出吸収のような現象は観測できるが、意識現象そのものは外からは観測できない。どうやら意識現象は脳の内側からしか観測できないようだ。

ペンフィールド

今から七十年ほど前にペンフィールドという著名な脳外科医が開頭した患者の脳に電極を差し込んだところ患者からは川のせせらぎが見え流れの音も聞こえたとの報告を得たとのことである。要するに患者は脳の内側に居り外科医は外側に居るというわけである。では脳の内側とは何か。脳は物質である。ということは物資に内側があることになる。物理学的には物質には内側も外側もない。いわば、あるのは外側だけである。物質に内側を認めることは暗に物質以外のものを導入していることとになる。この矛盾に悩み抜いた末その脳外科医は晩年には物心二元論に傾いたようである。物質科学に基づき、「物質の内面とは何か」を徹底して考えるならこのような結論にならざるを得ない。しかし多くの研究者は突き詰めて考えることをせず、そもそも何が問題なのかもわかっていない。彼の一般向けの著書『脳と心の正体』の翻訳者ですらそのあとがきで彼の物心二元論を批判している。

ライプニッツ

さて、私の立場は唯意識論である。われわれは意識世界の中で生活しているという直接的事実から出発する。標語的には「われ意識する（見る、聞く、触れる、嗅ぐ、熱い、冷たい、楽しい、苦しい、…）故にわれ有り」となる。唯意識論における最重要課題は意識世界の中に物理世界を構築し、脳を適切に位置づけることである。この目的のために私が注目したのはライプニッツのモナドロジー（岩波文庫『単子論（河野与一訳）』）の中の一節（第十七条）

それはそれとして尚、表象も表象に依存するものも機械的理由では説明が附かない、すなわち形と運動では説明が附かないことを認めないわけにはいかない、仮に今一つ機械が有ってそれが考えたり感じたり表象を持ったりするような仕組みになっているとすれば、それがそのままの釣合を保ちながら大きくなって、そこへ丁度風車小屋に入るように入れるようになったと考えることもできる。さてそう仮定しておいてその中へ入ってみるとすれば種々の部分が互いに推し動かしているところは見えるであろうが、表象を説明するだけのものはどうしても見当たるまい。してみると表象を求めるには合成体や機械の中でなしに単純な実体の中に行かなければならない。また単純な実体の中にはそれしか見出すことができない、すなわち表象および表象の変化しか見出すことができない。かつそれだけが単純な実体の内的作用の全部である。（仮名遣い等変更あり）

私はこれを読んだとき、ライプニッツは私と同じことを考えていると直感したのである。

ライプニッツ・モデル

―予定調和による唯心論世界モデル―

ライプニッツはわれわれの経験世界を理解するためにモナド論と呼ばれる世界モデルを提唱した。以下その概略を述べる。なお、ここでのまとめ方は私の関心するところに沿って再構築したものであって、哲学分野の専門家の記述とはかなり異なっていると思われるので、哲学分野の専門家を目指す人は参考にしない方がよいかもしれない。

⑴ 世界はモナドの集合体である

モナドは内面のみをもつ実体である。モナドには外面がないのであるから位置も形もない。したがってモナドを容れる空間は必要ないし考えることもできない。世界はこのようなモナドの集合体である。ここで、集合体というのは数学的意味での集合である。

（2）モナドの内面は世界を反映する

モナドの内面に他のモナドたちがそれらの間の関係性と共にイメージとして反映される。モナドには外部的属性がないのであるからこの反映は純粋に内面の法則と形式によって行われる。このようにモナドの内面に反映された世界を内部世界という。

モナドの集合体はそれぞれのモナドの内部世界にモナドのイメージの集合体として反映されるが、単なる集合体ではなく、内部世界の構造上に（４）で述べるモナド間の関係性も含めた集合体となっている。すなわち内部世界は**モナドイメージ**とモナド間の**関係イメージ**によって構成される。関係イメージは空間構造を伴う。

（3）モナドはその内部世界の中で生活する

その内部世界がモナドの経験する事柄のすべてである。またモナドの内部世界にはモナドの行為（意志作用）が生ずる特別な場所があり、それを**自己部分**という。すなわち内部世界がそのモナドの生活の場であり、われわれが通常経験する世界に対応する。

(4) モナド間には予定調和が成り立つ

モナドの内部世界を支配する法則と形式はすべてのモナドにおいて同一であるが、その状態はモナドごとに異なっている。ただし全くばらばらというわけではなく、互いに整合的な対応関係をもつ。ここで整合的とは「モナドAとモナドBの対応関係とモナドBとモナドCの対応関係をつなげるとモナドAとモナドCの対応関係になる」という条件を満たすことを意味する。数学的に言うならば、対応関係が変換群の構造をもつということである。特に、それぞれのモナド内では自己部分を中心に置いた関係イメージとなっており、それらがモナド間で整合的に対応付けられることになる。

この対応関係はモナド間の物理的相互作用によってもたらされるものではなく、予め定められた対応関係なので、予定調和と呼ばれる。なお、この対応関係は一度成立すると、内部世界を支配する法則と形式の同一性(正確には変換不変性)により、以後ずっと継続し、途中で調整する必要はない。

この対応関係により、モナドの内部世界は一つの客観的外部世界をそれぞれの視点から眺めたものという解釈が成り立つ。これによりモナド・イメージおよびモナド間の関係イメージが客観化される。これを**客観化の原理**というが、これはあくまで解釈であって、客観的外部世界は仮想的存在にとどまる。また、この解釈により、一つのモナドの内部世界での記述ではモナド・イメージとモナドそのものとの同一視が可能となるが、これもあくまで便宜的なものである。なお、この章の後半部分及び第三章ではこの同一視による記述が主になっていることを注意しておく。

(5) 自己部分において意識と行為が生ずる

モナドの行為の場である自己部分においてモナドの意識が生ずる。自己部分以外の部分を他者部分という。モナドごとに異なる自己部分により、異なった意識が生ずる。モナドの行為はまずこの自己部分に発生し、さらに内部世界の法則により他者部分に波及する。

（6）一つのモナドの行為はすべてのモナドに形而上的に通信される

一つのモナドの行為は内部世界の状態に応じて提示される重み付き選択肢項目の候補から一項目の選択という形で行われる。そしてその選択の結果はすべてのモナドに通信される。モナドは物理的時空に存在するものではないので、この通信は形而上的通信となる。通信を受け取ったモナドは発信元のモナドに対応する部分に対応する変化を生ずる。これも予定調和の一部である。その変化はモナドの内部空間の法則により他の部分に波及する。通信が予定調和の条件を満たすので、結果として内部状態の対応関係は維持される。

（7）モナドの行為（意志作用）が時間の流れを作る

モナドの状態変化の継起が時間の流れとなる。状態変化はモナドの行為（意志作用）によって生ずる。すなわち、モナドの行為が時間の流れを生成する。ここで、注意すべきは、それぞれのモナドに関して言うならば、そのモナドが行為するか否かにかかわらず時間は流れるという点である。というのは、一つのモナドの行為の結果はすべてのモナドに形而上的通信によって伝えられるため、そのモナドの状態にも変化が生ずるからである。逆に言えば、すべてのモナドが何もしなければ、時間は進まないということになる。

以上がモナド論の概要であるが、ここで述べたものは、ライプニッツのモナド論から得たヒントをもとに筆者の関心にしたがって、再構成したものであり、原典そのものの忠実な解説ではないことを断っておく。ライプニッツにヒントを得たモデルという意味で、筆者は以上に述べた世界モデルをライプニッツ・モデルと呼んでいる。

基底モナド系と物理世界の生成

われわれが物理世界として認識している物質現象は二十世紀に入ってほどなくして、量子力学と相対性理論によって記述されることになった。どちらも、その数学的構造はきれいに出来上がったのだけれども、その解釈がガリレイ－ニュートンの古典力学の直観に相いれず、長らく議論の的となってきたが、いつの間にかそれに慣れてしまい、われわれの直観の方が間違っているとみなされるようになってきている。

筆者は、この二つの基本物理理論が適切に解釈できないのはわれわれが知らず知らずのうちに古典的世界モデル（＝唯物論モデル）を採用しているからであり、唯心論モデルであるライプニッツのモナド・モデルに立脚することにより適切な解釈が可能になると考えて、量子モナド理論、別名、唯心論物理学を構想した。詳細な解説は前著『唯心論物理学の誕生』に譲り、ここでは概略のみ述べる。

モナド間対応関係としての相対性理論

まず、相対性理論から見ていくと、絶対空間、絶対時間というものは存在せず、観測者ごとに決まる相対空間、相対時間で物理現象は記述されるとして、観測者間の相対空間および相対時間の変換則が定められた。それがローレンツ変換である。ここまではよいのだが、その後ミンコフスキーにより「絶対時空」が導入され、ローレンツ変換はこの絶対時空（ミンコフスキー空間）内の座標変換として理解されるようになる。ミンコフスキー空間においては時間は空間と同様な広がりであって、「流れる今」はどこにも存在しない。「今」がない以上われわれはこの時空内では生きることができない。

ライプニッツ・モデルでは時間空間はそれぞれのモナドの内部世界にあり、そもそも相対的である。そこで、モナド間の対応関係をローレンツ変換で与えることにすれば、時間空間の変換関係は物理学の要請するものにピタリ一致する。そして、ミンコフスキーの絶対時空はモナド間対応関係によって導かれる仮想的客観物となり、実在ではないことになる。さらに、意志作用の継起としての流れる時間を得ることができる。

これは相対性理論のもともとの発想法に近い解釈である。ミンコフスキーの四次元時空の上に載せられた絶対世界を必要としない。存在するものは各モナドごとの相対世界だけである。四次元時空は物理世界での決定論的変化の法則を記述するための数学的道具としてはきわめて有用なものであるが、実体としてとらえるべきものではない。モナドは内部世界の変化として現れる「流れる今」を経験するだけである。

なお、物理学では意識や意志を扱わないので通常は「今」がなくても問題ないが、量子力学の観測問題では「観測者」が登場し、したがって流れる今が必要となり、量子力学の解釈の問題が生ずる。それに関する議論がいまだに続いている。ただし、実用主義的物理学者の間では問題としての認識はないといってよいだろう。

心の法則としての量子力学

次に量子力学であるが、この理論においては物理系の状態を記述する波動関数は系についての完全な情報を表しているにもかかわらず、観測結果について確率しか与えない。完全な情報を表しているというのはその運動方程式が時間に関して可逆だということである。確率を与えるというのは同じ状況で観測を行うとその都度の結果はばらばらであるが多数回行うとその結果の分布は波動関数から計算される分布に一致するということを意味する。この確率はブラウン運動の理論の場合のように情報不足としては扱えない。量子力学に現れる確率は、系が測定装置と相互作用した時に系自体が選択した結果と解釈しなければならない。すなわち波動関数は古典力学での位置、運動量のような系の外的状態を表すのではなく、量子系の内的状態を表すと解釈すべきである。

量子力学が客観世界の記述ではなく、モナドの内部世界の記述であるとすれば、矛盾なく解釈できるのである。言い換えれば、量子力学は心の状態を記述する理論である。あるいは、イメージの力学といってもよい。例えば、ある電子の波動関数は空間に分布する関数として表されるが、その分布領域内にある別の電子には直接的には影響を与えないのである。これは丁度、私の予想は私の行動には影響するが、あなたの行動には直接的には影響しないのと同じであり、波動関数が電子の時空的状態を表しているのではなく、内的状態すなわち電子がもっている世界イメージを表しているとすべきことを示唆している。

自他の量子的絡み合いと意志作用の強化

モナドの内部世界を量子力学的に表現するならば、自己部分の状態と他者部分の状態の量子的絡み合いとして表される。そしてモナドの意志作用はこの絡み合いを解消するように働く。いわゆる量子力学の観測の問題はこのモナドの意志作用に帰着し、矛盾なく観測過程が扱える。多数のモナドが一つの絡み合い状態に入ることによって、絡み合い解消への力が強化される。観測過程は意志作用の強化過程であるともみなせる。また、モナドがこの仕組みを利用するなら自己の意志決定を強化することが可能になる。

量子モナド論と物理世界

以上のように、ライプニッツモデルに物理学の二つの基本理論を取り入れたモデルを量子モナド論という。量子モナド論の世界モデルでは、先の85ページで述べた客観化の原理により、相対論と量子力学に従う仮想的世界ができる。これが通常われわれが物理世界と言っているものである。ライプニッツ・モデルの唯心論構造の観点から物理学を解釈したものなので、唯心論物理学という呼び名ももつ。

拡張モナドモデル

さて、ここからは量子モナド論という基底構造の上にわれわれの経験世界すなわち人間の意識世界を導出し、その構造とその意味するところを解説する段となる。この導出過程はモナドの行為による創出過程を含むものであり、演繹的論理的記述はできない。ここでは基底構造から人間が生まれるまでの過程を一つのシナリオとして提示する。そのための出発点として三つの原理を設定する。これらは基底構造の内容を膨らましたものあるいは膨らます可能性を与えるものであるので、拡張原理として設定する。

拡張原理1　意識とその内容

モナドの意識世界はわれわれの意識世界に対応する。すなわちモナドの意識世界にはイメージ素材として五感要素、各種の情念要素が現れる。モナドはこれら基本要素を用いてさまざまなイメージを生成する潜在的能力をもつ。この能力はモナドの行為によって発現する。

われわれが普通に使う形容詞はこれら基本要素に対応する。

情念要素としては、プラス系の情念（快、喜び、楽しみ、好意、安心、明るい、美、きれい、うまい、など）、マイナス系の情念（不快、悲しみ、敵意、恐怖、退屈、暗い、醜、汚い、まずい、など）、中立系の情念（赤、青、黄、重い、軽い、早い、遅い、など）がある。このように意識世界内の基本要素は言葉としては第一義的に形容詞として表されるが、それから派生した名詞、動詞としても表されることもある。

拡張原理2　行為とモノの生成とその記憶

イメージは意味と結びついて意識世界内のモノとなる。意味は行為によって与えられる。さまざまな情念は行為を促し、行為は逆に情念の複合化をもたらし、その複合化された情念がまた別の行為を促す。このようにしてさまざまな情念複合体が出来る。それを観念と呼ぶ。観念はイメージあるいはイメージ複合体と結びついて意識世界内にモノを生成する。また、観念それ自体も意識世界内のモノとなる。情念複合体にもプラス系とマイナス系があり、プラス系は行為に対して促進的に働き、マイナス系は抑制的に働く。

特に、基底モナド系の客観化された物理世界内において言葉によりさまざまなモノが意識世界内に生成される。それら物理的素材を組み合わせて作ったものはその作る行為に伴う情念・観念と結びついてさらに意識世界内のモノとなる。

例えば、スマホという物理的部品の集まりはスマホの観念と結びついて初めてスマホというモノになる。ここで、そのモノを示すのに「スマホ」という言葉を使ったが、言葉については後に述べる。

このようにして意識世界内に生成されたモノはモナドの内部世界に行為の規則として記憶される。記憶されたモノはそのモノに結び付けられた行為により意識世界に呼び出される。

拡張原理3　モナド間通信の複合化と高次モナド系の生成

モナド間通信によって行為の結果は相互に通信されるのであるが、行為－情念系の複合化に伴って通信も複合化される。通信の受け手の側の行為－情念系の複合化が発信元と同等レベルであれば、その通信を正しく解釈できるが、そうでない場合には基底レベルでの解釈にとどまり、複合化の意味が理解できないことになる。そこで、行為－情念系の複合化レベルが同等のモナド間だけの対応関係が成立する。

こうして基底モナド系に相似な高次モナド系が同等なモナド間にできる。（ここでの話はインターネット通信における物理層とアプリケーション層などの高次層との違いに擬えると理解しやすいであろう。）

高次モナド系に属するモナドの意識世界には高次モナドに対する新たなモナド・イメージが現れる。例えば、人間や細胞など。さらにそれら高次モナド間の関係イメージが新たに生成される。例えば、支配と被支配の関係や相互依存の関係など。

高次モナド系は基底モナド系に相似な構造なので、さらにその上に高次な系ができる可能性をもつ。このようにして高次化の行き着く先に人間の作るモナド系が生成される。このシナリオが正しいとすると、人間の作るモナド系から基底モナド系の仕組みが予想できる。この予想に基づき、高次化への行為を駆動する情念として次の三つを設定する。

- 自己拡大に向かう情念
- 自他情念

・同類情念

自己拡大に向かう情念により、他のモナドとの通信より現れるさまざまなものを自己の意識世界に取り込み意識内容の豊饒化に向かう。ここで取り込むというのは行為に結び付けて内部世界に記憶するということである。この記憶によりモナドは結び付けられた行為により随時に記憶されたものを呼び出すことができるようになる。これは基底モナド系における同様な機能の強化版である。また、意識世界に現れるものには他のモナドたちも含まれる。他のモナドたちを取り込んだ場合にはモナドの協力系をもつことになる。適切な協力系が得られるならば、強力な意思決定能力をもつことになる。

なお、ここで他のモナドといったのは正確にはモナドに対応する意識内イメージのことであるが、高次系においても対応関係が成立しているならば、モナド・イメージがモナドそのものに対応するので、同一視が可能である。

高次モナド系ができるためには各高次モナドが他の高次モナドを高次モナドとしてイメージ化できなければならない。高次モナドが意識内の一つのモノとしてイメージ化されるには高次モナドの情念が付与されなければならない。その情念のもとになるのが上にあげた自他情念と同類情念である。自己と他者を区別し、さらに他者の中に自己と同類のものを認める情念である。これら情念の導きに従って、自己世界の拡大とともに他者の中の同類と連携し高次モナド系が生成される。高次モナド系に参加するモナドには一般にその意志作用を強化し補佐する**モナド協力系**が付くことになり、高次モナドとなる。

なお、「高次モナド→人間」の類推から、**モナド協力系**とは高次モナドの脳に相当するとみなせる。脳とは進化によって偶然にできたものではなく、モナドの高次化への志向によって必然的に生み出されたと考えるべきである。モナド協力系から見るならばそれにとりついている高次モナドはモナド協力系（＝脳）に憑依しているとみなせる。ライプニッツ・モデルの（6）（86ページ）の意志作用の機構がモナド協力系により強化される。

高次モナドが人間になるまでのシナリオ

以上三つの拡張原理の適用により何段階もの高次化の過程を経て基底のモナドが人モナドにまで発展するのであるが、ここでは、その過程を現時点で想定可能な範囲で概説する。一つのシナリオである。

基本過程１　生命の誕生　—高次モナドが自己増殖能を獲得する—

高次モナドが同類を見つけて高次モナド系を形成するのは容易なことではない。というのは一つのモナドの高次化はモナドの自由意志による勝手な行為により達成されるのであり、高次化といっても千差万別な発展形態ができてしまう可能性があり、同類を見つけるのが難しいからである。小さな高次系が、できては消え、できては消える過程が長らく続いていたはずである。この状況を劇的に変えたのが自己増殖能の獲得である。高次モナド系の発展史の過程で、ある高次モナドが自己増殖能を獲得するということが起こる。すると同類の高次モナドが多数生成され、それらの間で安定的に高次モナド系が維持されるようになる。

基本過程2　細胞生物の誕生　――細胞分裂型自己増殖能の獲得――

当初の自己増殖は現存環境資源を利用するチェーン店方式であったと考えられる。一定の環境において自己の姿を映しこむという方式である。この場合環境の方に受け入れるだけの状態が準備されていなければならず、必ずしもうまくいくとは限らない。そのような過程が続いたのち、RNA、DNA、タンパク質、脂質などのイメージをもつモナド間の連携により、自己増殖環境を内包する高次モナドすなわち細胞が成立する。生物学的には細胞はRNA、DNA、タンパク質、脂質などの化学的要素の連携システムであり、一種の機械である。モナド論的には、しかし、細胞はモナド協力系であり、その協力を受ける代表モナドあるいは憑依モナドが想定されなければならない。細胞分裂に際してはモナド協力系は二分され、それぞれに新たな憑依モナドが設定される。もちろん片方には元のモナドが憑依してもよい。これらは同類として高次モナド系を作るが、主従関係のようなものはそのままではできない。このような状況がしばらく続いた後、憑依モナドの意識世界が拡大し、その能力が強化され、細胞分裂に際してそれぞれの細胞が役割分担をして、もとの憑依モナドとの間に主従関係を結ぶ場合が出てくる。この関係が何段階も続くようになり、こうして多細胞生物が出現する。

基本過程3　男と女　―受精卵とそれへの憑依モナド―

モナドの基本構造はみな同等で、男も女もない。ここでは、モナド協力系の型としての男女である。分裂型の自己増殖では、分裂後のそれぞれのモナドの自由意志による変異が積み重なり、結果として同類集団の維持が困難になる。この困難を解決するために融合型増殖法が現れた。同類集団に含まれるが少しの変異を含む二つの高次モナドが、それぞれ半分に分裂し、それぞれの半分が相手の半分と融合して新しい個体を作るという方法である。この方法により各個体の変異がその集団の中で平均化され同類集団が維持される。多細胞生物の遺伝子システムでは生殖細胞の減数分裂とその後の融合すなわち受精卵の生成という形で実現されている。そしてこの融合を促進する方法として互いに引き合う二つの個体型が現れた。それが男と女である。「互いに引き合う」とは互いに相手を自分の意識世界に取り込もうとする行為である。行為は情念によって駆動される。この場合、自己拡大に向かう情念が後述の脳による修飾を受けて特に男女間で強化されたものである。

有性生殖をおこなう多細胞生物では、受精卵に憑依したモナドがすべての体細胞と対応関係を維持する形で結び付いて多細胞の生物体を作り上げ、それ全体を支配する意識モナドとなる。たぶん読者は疑問に思うであろう受精卵に憑依するモナドがどのようにして決まるのかについては最終章で扱う。

なお、生物種によっては一つの個体上に両性の部分をもつ場合もあるようだが、一つの個体上の両性は引き合わず、別個体の反対の性と引き合うようであり、変異の集団内平均化の観点からはこれでも問題ない。

基本過程4　神経脳と筋肉系の成立　――植物および動物における脳の役割――

多細胞生物は大きく植物と動物に分かれる。大きな違いは動物は神経脳をもち植物はそれをもたない点である。ここで、単に脳と言わずに神経脳といったのは、前にも述べたように植物か動物かによらず一つの生物個体に憑依しているモナドからはその生物体がそれ自体として脳と見なせるからである。動物が神経脳をもつのは筋肉組織による素早い動きを制御する必要があるからである。植物は筋肉系をもたないので、神経脳を必要としないが、植物体全体とくに葉や根によって世界を認識しさまざまな香り物質を放出するなどの行為を通してモナド間の高次の通信を実現している。また、動物界においてもフェロモンなどの香り物質による通信があり、さらに、細胞間には神経伝達物質やホルモンなどの化学物質による通信が成立している。

こうした通信状況の中で、神経脳と筋肉系がセットで発生する。モナド協力系としての脳は複合化された通信の送受信装置であり、それの発展形態として神経脳と筋肉系が成立する。もちろん神経脳には感覚器官も含まれる。神経脳と筋肉系をもつ生物として動物が現れる。

生物個体には一つの意識モナドが憑依している。したがって、動物のみならず植物も意識世界をもっているはずである。植物に毎日優しく話しかけると元気に育つようになるといった話をときどき聞くが、たぶん正しいだろう。

基本過程5　人間の出現　―言葉の獲得―

動物の神経脳は自己世界の拡大への情念の導きによる変異を重ねるうちに次第に強化拡大されて、最終的に言葉を操る能力をもつに至る。こうして人間が出現する。言葉とは何か。言葉は一連の行為の列である。言葉はモノに結び付けられてモナドの内部世界に行為の規則として記憶される。言葉としての行為によりモノは意識世界に呼び出される。言葉ができる以前には、モノの情念・観念に結び付いたより直接的行為によりモノを呼び出していた。例えば、モノをつかむ行為など。これが、言葉により間接的にモノが操作できるようになった。しかも言葉は基本的に意識モナドの行為なので、自在に操ることができるのである。言葉により意識モナドの能力は格段に強化された。

そして、この作業を補佐するのが、脳である。意識モナドが他のモナドに向け発した言葉を通信可能な形に変換する作業や、通信により他のモナドからきた言葉を意識モナドが分かる形に変換する作業や、意識モナドが脳に発した言葉に答えを返す作業（第一章70ページで述べた自問自答あるいは思考）などを脳は行う。

人モナドの基本的特徴

こうして、言葉の獲得と共に人モナドが出来上がる。人モナドは高度に発達したモナド協力系すなわち脳（身体）をもち、脳の補佐のもとその意識世界の内容とその機能を強化拡大している。人モナドの基本的特徴はその源が脳にあるように見えたとしても、それが意識世界内の出来事である限り、その源は意識モナド自身にあり、脳はそれを強化発展させているだけである。最終的意味付けは意識モナドが行う。

言葉と共に概念を操る

観念は情念を含むイメージや行為の複合体である。観念に言葉が結びついて概念となる。概念は空間的な位置や形はないが、言葉により意識世界のモノとして呼び出される。例えば、国家は国家の観念とともに意識内のモノとなる。机一般、小説一般、伝統、しきたり、化学などの抽象概念も意識世界内に呼び出して扱うことができる。これも言葉による意識世界拡張である。

意識世界はモノで満ち溢れている。モノにはすべて言葉による名前が付いている。すなわち、この意識世界は言葉に満ち溢れている。とりわけ、その存在根拠が言葉だけのモノも多数存在する。例えば、怨霊、コロナウイルス。誰もその姿を見たものはいない。言葉は行為である。だから、意識内のモノは言葉により操られる。その言葉は自分の言葉とは限らない他所からきた言葉に操られることもまたしばしばである。これも人モナドの特徴の一つだ。

高度に自律化した脳をもつ

脳は試行錯誤装置であり、通信装置であり、提案装置でもある。モナドの高次化とともに、脳が請け負う仕事も複雑化しさらに応答の高速化が要求されるようになるにしたがって、脳は次第に自律化していく。自律化とは仕事の内容についていちいち意識モナドにお伺いを立てることなく、脳が意識モナドに適宜忖度しつつある程度までは勝手に仕事を遂行することである。とはいえ、脳自体に自由意志があるのではなく、与えられたプログラムに従った仕事が行われる。例えば、車の運転中に突発事態が発生すると自分の意志とは無関係に勝手に足が動いてブレーキを踏む。これなどは脳の自律化のよい例である。

脳の自律化はよい面ばかりではない。脳は通信装置でもあるので、自分以外のさまざまな他人とのつながりがある。そのため、他所からプログラムが注入されてしまうことがある。これはインターネットにつながったコンピュータにウイルスが注入されてしまうのと同じようなものである。例えば、支配欲の強い人は他人の脳に自分に都合がよいプログラムを注入してその人の行動を支配することができてしまう。ここで、「支配欲」が出てきたが、これは自己拡張の情念の一つの発展形態である。これについては次章でより詳しく扱う。

脳と共に意識世界は成長する

高次モナドである人間は脳を介して他の人間と通信し、その意識世界を拡張するとともに脳の機能も充実させる。脳と意識が相互に成長していく。この過程を経てさまざまな人の性格が出来上がる。他人を支配する性格、他人に支配される性格、みんなで楽しむ性格、仙人的性格、芸術的性格、などなど。これらの性格は脳および意識の両方に染みこむ。意識には行為を駆動する情念あるいは情念複合体として記憶される。また脳にはそれら情念を刺激するプログラムとして組み込まれる。

高次モナド系におけるモノの生成と客観化

人間は脳の補佐のもと形あるものも形ないものもさまざまなモノをその意識世界に取り入れる。この場合、多くのモノは自分で作ったモノではなく、通信を経て他所から取り込んだモノである。再三言うが、意識内のモノとは「イメージ＋情念・観念」である。モノはそれぞれの意識内に存在しているが、高次モナド系においても、それに参加している高次モナドの間に整合的な高次の対応関係があれば、客観化の原理が働き、外的に存在する実在とみなされるようになる。すなわち、高次モナド間でそのモノについて話が通じれば、それは実在のように扱われるようになる。

形あるモノについては物理的物体として基底系において既に客観化が達成されているが、高次レベルでのものとしての客観化は必ずしもできているとは限らない。例えば、スマホは部品の集まりとしては万人に共通だが、それ以上になるためにはスマホの観念が共有されなければならない。紫式部とスマホについて話をしても全く通じないだろう。紫式部にとって、スマホは何やら重さのある物体ではあるが、スマホは存在しない。

また、形なきモノ、国家とか、パンデミック、などはいろいろな工夫、主に言葉により客観化が達成される。形なきモノの客観化は人間に特有のものであり、人間の意識生活を豊かにしているが、悪用もできる。特に支配欲の強い人がいろいろな工夫を考え付くようだ。これについては次章で取り上げる。

第三章　人間編

―人モナドの発展史―

高次モナド系としての人間社会の歴史と現状についてその意味するところをモナド論的に解明する。

モノに操られる人モナド

前章最後に述べたように、人はさまざまなモノをその意識世界に取り入れてそれらに取り囲まれて生活している。高次モナド系としての人間の社会において、各自相互の対応関係が成立する場合に客観化の原理が働き、これらのモノは実在とみなされ実在として扱われるようになる。

モノには形あるものとないものがあるが、いずれも情念・観念が結びつく。情念・観念は行為を呼び起こすので、結局、人の行為はモノに支配されることになる。ある人間の集団に一定の行動をとらせるにはそのために適切に設計されたモノを投入すればよいわけだ。そしてそれらを集団内で流通させるには相互に整合的な対応関係を成立させればよい。

以下例を挙げる。

狐や狸にだまされる話

むかし山里の小さな村では狸や狐が人をだますということがよくあったようである。狸や狐は生き物としてはすでに客観化されており、実在として認められている。ここにだましの情念が結びつく。夜半に妙齢の女性が宿を乞い、お礼にと言って小判を何枚もくれたが、翌朝目覚めてみると小判は枯葉に代わっていたと同時に狐が庭先を走って行った、といった話である。話の発端はたぶん何かの勘違いか作り話なのであろうが、それが小さな村の中で巡りめぐって枝葉が付いて再び自分の耳にまで達するうちに、村人の間で「人をだます狐」という客観化された実在としてのモノが成立する。このようなモノは村人の生活にとって特に実害のあるものではない。というより、狐や狸と共に生活することになり、山里の単調な生活を豊かに楽しくするという非常に意味のあるモノなのである。ここで一言断っておく。物理的実在だけが実在というわけではない。実在のレベルは違うが、「人をだます狐や狸」も立派な実在である。実在のレベルは高次モナド系の高次化のレベルに対応する。

現代になって、人をだます狐や狸がいなくなったのは山里の人々も都会に出るようになり、その意識世界が都会人の意識世界に取り込まれるようになったためである。都会人の意識世界には人をだます狸や狐は住んでいない。強力な都会人の意識世界と整合性を取るために村人の意識世界からは狸や狐はひっそりといなくなったのである。

地鎮祭

家を建てるとき、基礎工事に入る前に必ず執り行われるのが地鎮祭である。しめ縄を張った聖域に施工業者と施主の関係者がかしこまり、神主の祝詞から始まる儀式である。その土地の神に工事の安全を祈願する儀式である。土地の神とは精霊のようなものであるが、施工業者の側では何べんもこの儀式を行っているので、その意識世界にはしっかりと住み着いていると思われるが、施主の方はこれが初めてという場合が多いであろう。このような儀式を通じて施主の側にも土地の神が住み着くようになるのであろう。儀式は単に習慣的行事ではなく、それによって意識世界の形なきモノを参加者の間で共有するという効果をもつ行為なのである。意識世界に土地の神が住まう人々はその土地をいつくしみ、乱開発など土地の破壊行為はやらないだろう。土地の神にはそのような意味がある。もしかしたら、土地の神はわれわれの意識世界に存在しているモノであるだけでなくそれに対応する高次のモナドが存在しているかもしれないが、この点については次の章で論ずる。

占星術

恒星から構成される星座の上を太陽系の惑星が運行するが、その運行の様子から個人や社会の性格と将来を占う占星術というものがある。星の運行は、占星術で扱われるレベルでは、完全にニュートン力学によって決められる。なので、物理的な星の運行が人の性格や将来を決定するあるいはそれに影響するというのは考えられない。占星術が実際に機能しているとするなら、意識世界に取り込んだ星の運行が作用していると考えるべきだろう。その際重要なのは占星術師である。術師による解釈が、意識世界内の星の運行にまとわりつき、その意識世界の所有者に影響を与えるわけである。術師の解釈が占星術言語を作る。占星術言語を話す占星術ワールドに整合的に参加できた人は星の運行の作用を強く受けることになる。言い換えれば、占星術は占星術言語の体系であり、占星術ワールドに参加してその言語を話し聞き理解する人々は一つの高次モナド系を構成しているわけだ。自分の誕生日の星座を知っている人はすでにこの高次モナド系に幾分かは参加しているのだ。そしてそこで生活することによりその言語の影響を受ける。

手相と人相

手相占いは占いという点では占星術と似ているが、その仕組みは全く違うように見える。占星術では星の運行という万人に共通の既に客観化されているものの上に占星術という虚構を載せ、合わせて虚構も客観化させている。一方手相占いでは各人各様の手相に基礎をおいており、客観化の構図が違うように見えるが、実はほとんど同じなのだ。人の性格や運命と関係なさそうに見える手相という誰でももっているものに基礎をおいてる点は万人に共通な星の運行に基礎をおいている占星術と同様だ。人相占いも人相という誰でももっているものに基礎を置いているが、手相や星の運行とは違って、人の性格に関係していることはたぶん多くの人は認めるだろう。性格に関係するということはその行為に関係し従って運命にも関係することになる。この点が、手相占いや星占いに比べて人相占いが流行らない理由だろう。人相占いは妥当性がありすぎる（？）ということか。いずれにしても、手相見や人相見の解釈に依存している点は占星術と同じである。それぞれの専門職の解釈に依存してそれぞれの言語体系ができ、それぞれの占いワールドができる。そのワールドに参加してその言語を話し聞き理解する人々は一つの高次モナド系を構成する。そして同様にそこで生活することによりその言語の影響を受ける。

怨霊

むかし京の都には菅原道真や平清盛などの怨霊《おんりょう》が跋扈《ばっこ》していた時代があったようである。もともと、当時の人々の意識世界には死霊や魂といったモノが普通に存在していたと思われる。実在のレベルとしては、人をだます狐や狸と同レベルあるが、疫病を起こしたり、関係者に祟《たた》るなどの機能を強化し、さらに「道真の怨霊」「清盛の怨霊」などの個別名をつけその実在度を強化したものとなっている。なお、実在度は基底レベルに近づくほど強くなる。要するに物質化するのである。実在のレベルは変わらないが、見せかけの実在度を強化することはできる。更なる実在度強化の一環として、陰陽師という専門職が登場する。陰陽師は怨霊の機能性質に詳しく、それらを解説し、怨霊を操作する技術をもっている。そのような能力は決して神秘的な能力ではない。どうしてそのような能力をもちうるかと言えば、怨霊がもともと人間が作ったものであり、一定の手順を踏めば、何とでもなり得るものだからである。ここで、一定の手順とは具体的には何らかの儀式として表される。儀式を通して人々の意識世界に住む怨霊を操作し、その実在度が強化される。儀式は人間がつくる高次モナド系における相互通信を媒介する装置となるからである。

人をだます狐や狸と違って、怨霊には人の意識世界を豊かに楽しくする効果はない。怨霊に伴う情念は恐怖や恨みであり、怨霊を避ける方向に人を動かす効果がある。だから、しばしば陰陽師の背後には一方の政治勢力が控えていて、政争の具として使われる。要するに、怨霊は支配者にとっては人を支配するのに有用な道具となる。

ここで断っておくが、怨霊はいわゆる霊界に住む存在ではなく、われわれの意識界に住む存在である。この存在を利用して人々を一定の方向に向かわせようとする黒幕が必ずいる。なお、霊界については次章で論ずる。

霊感商法

怨霊の話が出てきたところで、霊感商法についても触れてみたい。まず一定の信仰体系を作る。その体系の中に恐怖の情念が伴う悪霊系のモノと幸運の情念が伴う善霊系のモノを仕込む。そして信者を募る。特に現在不幸を感じている人ほど信者になりやすい。信者はその信仰体系を自らの意識世界に取り込むことになる。その信仰の主催者側では信者に対して事あるごとに「あなたにとりついている悪霊を退散させるにはこの祈祷を受けなければならない」などと言って高額な祈祷料を請求する。あるいは「幸運を呼び込むためにはこの水晶玉を毎日拝まなければならない」などと言って、高額な水晶玉を買わせる。

ここでも断っておくが、ここでいう悪霊、善霊はいわゆる霊界に住む存在ではなく、われわれの意識界に住む存在である。この存在を利用して儲けようとするのが、霊感商法である。

新型コロナウイルス

本書執筆の時点で、新型コロナウイルス騒動が発生してから三年近くがたっているが、未だにマスクだ、アルコール消毒だ、ワクチンだ、と騒いでいる。

新型コロナウイルスは怨霊と同様にわれわれの意識世界に投げ込まれた恐怖情念を伴うモノである。しかも、毎日、テレビ、新聞でコロナウイルスの電子顕微鏡写真と思しき画像と共に感染者数とされている数値が報道されることにより強力に実在度を強化した形で投げ込まれている。しかし新型コロナウイルス病の判定基準は

ＰＣＲ陽性だけである。症状のあるなしにかかわらずＰＣＲ陽性者は感染者としてカウントされることになっている。しかも症状がある場合においてもそれが新型コロナウイルスによってもたらされたものかどうかは判定しない。同様に、新型コロナによる死亡の判定もＰＣＲ陽性だけである。癌で亡くなろうが、老衰で亡くなろうが、はたまた交通事故で亡くなろうがＰＣＲ陽性なら新型コロナによる死亡としてカウントされる。本来、ＰＣＲ検査は新型コロナウイルスの遺伝子断片が唾液中あるいは鼻粘膜上にあるか否かを判定するものであって、感染症の判定に使えるものではない。まして死亡原因の判定には全く使えるものではない。このようにして、超悪玉としての新型コロナウイルスがわれわれの意識世界に投入されたのである。その際重要なのは大手マスコミの発表するものはすべて真実であると受け取るように馴化された大衆の存在とＰＣＲなどの科学を装った手法と専門家によるご宣託を効果的に使うことである。これらにより、超悪玉新型コロナウイルスの実在度はわれわれの意識世界の中で確固たるものとなった。

一方ワクチンは善玉として投入された。接種者の多くに現れる副反応は効いている証拠とされ、直後に亡くなった人が出ても因果関係はない、あるいはわからないとされ、善玉に傷がつくような事象は徹底して排除された。「感染を95％減らす効果がある」との製薬会社の発表にもかかわらずワクチンが効いて感染が収まった様子は全くなく、ワクチンとはかかわりなく、ウイルスの勝手で広がったり収まったりしているとしか見えない。にもかかわらず、変異株対応のワクチンができたから接種しましょうなどと当局は言っている。何を考えているのか、というより何も考えていないのだろう。

そもそも、遺伝子ワクチンは感染力を欠いた人工ウイルスそのものだ。だから、鼻や口から入れても感染しないので、筋肉注射で直接体内に入れる。感染力を欠いているとはいえ、いつ何時体内にいる別のウイルスや遺伝子断片と合体して感染力をもつようになるとも限らない。接種は強制ではないにもかかわらず年代別接種率は50代以上では90％を超えている。年代によっては97％なんてのもある。マスコミ報道に強く馴化《じゅんか》された国民であることがよく分かる。

この時期に悪玉ウイルスと善玉ワクチンがセットで投入されたのは、やはり、金儲け集団がこれら騒動の背後にいると考えるのが妥当である。ワクチン製造業やPCR検査請負業はこの騒動で相当に儲けたに違いない。

オミクロン株になって、重症化の程度はインフルエンザ以下、普通の風邪レベルなのに、未だにコロナ騒動を続けているのは、たぶん、補助金行政が軌道に乗って今更やめられなくなっているのだろう。末端のわれわれのところにも地域振興券のような形で補助金が回ってくるご時世である。補助金流の本流近くでは相当の量が流れ込んでいることが想像される。麻薬と同じで急にやめると離脱症状が出たりと衝撃が大きすぎるのだろう。

結局、貪欲な悪人に操られる無能な善人がこのコロナ騒動の原因とみてよいだろう。

定期健診・検診

ここで取り上げる健診・検診は事業所や市町村で行う定期健診・検診である。すでに病気あるいは体調不良があって、その原因を探るために行う検診ではない。健康時に行う定期健診・検診はいわば霊感商法と同じである。「この数値では将来病気になる可能性があります。この薬を飲むことで病気を防ぐことができます。」この「可能性」が曲者だ。言っているのは予想だけれども、結局、恐怖を植え付けている。このようにして薬漬け人生が始まる。霊感商法には近づかない方がよいように、定期健診・検診にも近づかない方がよい。

定期健診・検診は「良いことであるという情念」と共にわれわれの意識世界に投げ込まれている。定期健診・検診が健康を増進し、寝たきり老人を減らし健康寿命を延ばしているというデータは何もない。さらに、定期健診・検診が医療費高騰を抑えているというデータもない。そもそも、国内では定期健診・検診が義務化されてしまったので、そのようなデータを集めることが不可能なのだ。外国では、むしろ逆のデータはあるようだ。そもそも、病気とは何なのか、どうして病気になるのかということを正しく理解したうえで、健康行政は行われるべきものなのに、単に「良いこと」の思い込みだけでやっているようだ。さらに邪推するなら、定期検診・健診によって常に一定量の病人が確保でき、医療業界の利益に貢献することになっているとも考えられる。結局、邪悪な悪人と無能な善人の合作だ。

定期健診・検診における検査項目の基準値の基礎となっているのは統計医学のようだが、医学を患者個人に対処するためのものと考えるなら、そもそも統計医学は医学ではない。統計医学は統計集団について得られた結果からなっており、患者個人に対処する根拠がない。統計物理学という分野がある。この場合も、理論は統計集団を扱うが、個々の物理系に適用される。これと同じではないかと思われるかもしれないが、そうではないのである。統計物理学では、個々の物理系に適用するための根拠が用意されている。それが、時間的あるいは空間的エルゴード性という理論である。集団平均が単一系の時間平均に一致する、あるいは空間平均に一致するという理論である。これにより単一系と統計集団を同一視することができるようになる。統計医学では統計集団と患者個人を同一視することはできない。なので、統計集団で得られた結果は参考にすることはできても、それをそのまま個人の患者に適用することはできない。

例えば、健診で最高血圧が一二九（ミリ水銀）だったとするなら、基準値内ということで何の指摘もないだろう。しかし、平常血圧が九〇前後の人（私のような）の場合、これは異常値と判断しなければならない。逆の事例も当然あるだろう。基準値を超えていても体調がよく天寿を全うする人もいる。むしろそのような人の方が多い気がする。また、全くの仮定の話だが、最高血圧がX以上の高血圧者一〇〇人中将来三人が脳卒中を発症するが、降圧剤を飲むことによって脳卒中患者の発生が一〇〇人中一人になるという統計結果が得られたとするなら、その降圧剤には脳卒中を六十六％減らす効果があることになる。そこで、誰が脳溢血を発症するか分からないので、最高血圧がX以上の高血圧者全員にこの降圧剤を勧める指導が行われる可能性が出てくる。しかしながら、一〇〇人中九十七人はもともと脳溢血を発症しないわけで、単純に降圧剤の副作用（認知症、気力の低下、感染しやすさ）だけを受け取ることになる。もちろん確率の話なので、心配な人は降圧剤を飲むことになるが、それはその人の判断で構わない。

なお、統計医学は政策論としては意味がある。というのは政策が対象とするのは個々の人間ではなく集団だからである。統計医学の結果がそのまま使える。例えば、ワクチンで亡くなる人がごく少数ではあるが存在しても、集団の健康のために接種を勧めるわけだ。国によっては強制するところもあるようだ。もっとも、今のところどれほど集団の健康に役立っているか明らかではないが。

ひと言注意しておきたい。ここでの話は統計結果にどう向き合うべきかという話であって、個々の患者に向かって健診結果を無視せよと言っているのではない。例えば、遺伝的あるいは何らかの理由により血圧の調節機構が異常な人がたまにいるが、そのような人はもちろん医者の判断により降圧剤を服用して適正値にする必要があるであろう。屈折異常の近眼の人が眼鏡をかけるのと同じである。

病気と薬

病気なるものはもともと自然界には存在しない。心身のある種の状態に対して人間が名前を付けてモノ化し、実在として扱うようになったものである。通常は病名と対処法がセットになっている。なので、病名が付くと人は安心する。対処法が決まるからである。対処法の中心にあるのが薬である。私は医者ではないので、具体的なことは言えないが、風邪を引いたら熱さましに咳止め、下痢には下痢止め、インフルには抗ウイルス薬、予防にはワクチン、癌には抗がん剤、鬱には抗うつ剤、高血圧症には降圧剤、高コレステロール血症には抗コレステロール薬、肥満症には抗肥満薬、…と、病気と薬のペアはいくらでもある。

多くの人は「病気は薬で治す」と思っている。病気になったら病院に行って薬をもらってくるのが正しい対処法であると考えている。だから、病院が無くなったら病気が治せなくなって大変なことになると考えるわけだ。しかし事実はそうではない。単にそう思い込まされているにすぎない。医者がストライキに入って患者を見なくなった町で棺桶の出荷数がいつもより減ったり、財政難で公立病院が閉鎖になったり定期検診ができなくなった地方自治体の医療費が減り老人の寝たきりが減ったといった報告を見ることがある。

病院が無くなったらどうなるだろう。寝たきりの状態で病院の天井を見ながら朦朧として十年近く生き永らえさせられる老人はいなくなるので、平均寿命が若干減るかもしれないが、健康寿命は変わらないかあるいは逆に増えるだろう。そして、医療費は劇的に減るだろう。もちろん個々の事例についてみれば、病院に収容されたら助かった命もあるであろう。だからといって何が何でも病院というわけではない。総体として病院行政はどうあるべきかという問題である。人口当たりの病床数は年齢補正した死亡率とは何の相関関係もないが、一人当たりの医療費とは強い正の相関関係があるようだ。このあたりの記述は財政破綻して大きな市営病院が小さな診療所になった夕張市で医師として働いた森田洋之氏の著書(『うらやましい孤独死』、『医療経済のウソ 病人は病院で作られる』など)を参考にしている。

さて、薬の問題に戻ると、薬のほとんどは次の四分類のいずれかになる。

（一）単に症状を見えなくするだけで逆に体が治そうとしているのを阻害する薬、
（二）健診の数値を基準内に収めるだけで、体の都合を無視する薬、
（三）他に方法がないので、効果を期待して投与されるが、一般に副作用が方が大きい薬、
（四）真に原因に作用し、健康体に復帰せしめる薬。

現在医療機関で出される薬のほとんどは（一）～（三）のもので、無くなっても問題ない。必要なのは（四）だけである。

病気は自分の身体と心が治すもの。医者はそれを助けるもの。自分の心身に直す力が無くなったら医者が何をしようと治らない。なので、治療は単に病人を苦しめるだけだろう。自分の親の最期を見るにつけつくづくそう思う。

もちろん、薬が全く無意味というわけではなく、これまでの薬の歴史の中で劇的効果をもったものが現れている。例えば、細菌感染症は抗生物質により劇的に改善する。ペニシリンで赤痢のような伝染病から救われた人は多いはずだ。また、イン

スリンは一型糖尿病の救世主となったようだ。ステロイドは過剰な免疫反応を劇的に抑えてくれる。このような劇的効果をもつ薬を経験した結果、人々の意識世界に「病気は薬で治す」という観念が刷り込まれるようになった。そして、薬へのあくなき追及が始まった。その最たるものが抗がん剤だ。一回の投与に数千万円の抗がん剤まで出てきた。それが抗生物質のような劇的効果があるのならまだしも、ほとんど副作用ばかりのようだ。

最近の生理学の発達で、心身の物質的機構が分かるにつれ、心身状態の表れをさまざまな薬によって操作できるようになった。それに伴って、いろいろな病気が作られた。例えば、高血圧症、高コレステロール血症、肥満症、新型うつ病、発達障害、多動症などなど。これらは新しくできた薬を売るためにできた病気であると考えて間違いはない。高齢に伴う高血圧や高コレステロールを薬で下げていいことは何もない。また、精神に作用する薬は単に脳の作用を上げたり下げたりしているだけで、根本解決にはならない。心の不調の多くは脳のプログラムの不調であって、プログラムを作り替えなければ治らない。そのためには薬ではなく、教育、修行、悟り、考え方の転換等によらなければならない。特に子供に薬を飲ませて静かにさせるなどはもってのほかだろう。

なお、現在すでに薬を飲んでいる人は、急に薬を止めると多くの場合離脱症状が出て一層悪いことになるようなので、簡単には止められない。なので、そのような人はここで述べていることは無視していただきたい。

ともかく、病気は不安情念とともに、薬は安心情念と共にわれわれの意識世界に、科学を装って、投入されている。そしてそれは現代では意図的に行われている。直近の好例は先に述べた新型コロナウイルス病とそれに対する遺伝子ワクチンだ。われわれはこれら投入されたモノに踊らされ、関連利権集団を儲けさせているのだ。そのことに気づくべきだ。

二酸化炭素（CO_2）

これも「良いこと」の思い込みだけで膨大なお金を費やしているようだ。確かに昨今異常気象は増えているようだが、CO_2の削減で異常気象が収まる保証は全くない。CO_2に悪玉の情念を結び付けてわれわれの意識世界に投入する。さまざまな国際会議やノーベル賞などの儀式を総動員して世界中の人々の意識世界の中で効果的に悪玉CO_2の実在度を上げることに成功したわけだ。これで、CO_2温暖化説に反論あるいは疑問を呈する人は悪人、CO_2を心配する人は正しい人という構図が出来上がる。この構図の上で、CO_2排出権という金融商品を作り、それを取引する市場を立ち上げ、金儲けに走る国際組織が出来上がる。国内的にはCO_2税を徴収したり、CO_2の削減の担当部局にお金を回すことが堂々とできるようになるという効果がある。結局環境問題も金儲けの道具となっているのである。

ちなみに、昨今の異常気象は北極圏の気温が上がっていることにあると思われる。そして、その原因は空気中のCO_2濃度ではなく、北極圏を取り囲むシベリアやカナダ北部、アラスカの大陸部分での開発により永久凍土が無くなり暖められた水が北極圏に流れ込むようになったためであると考えられる。永久凍土は一か所無くなると太陽の光を吸収するようになり、連鎖反応的に広がるようだ。いずれにしても、ポーズだけの米中がCO_2排出量の圧倒的割合を占めている現状で、日本がCO_2排出をゼロにしても何の意味もないことだけは確かだ。よい子ぶりを世界に示す以上の効果はない。そして国内は悲惨な状態になる。

金融商品

もともとあるお金というわれわれの意識世界の中で確固たる地位を占めているモノの上に派生的に構成された観念だけの実体のない商品であるが、「FX」などの個別名や「金融商品」という一般名をつけることによりわれわれの意識世界内での実在度を高めている。商品なので売り買いの対象になる。なぜ売り買いされるかと言えば、それによりお金を増やす可能性が出てくるからである。金融商品の最も簡単なのが、銀行預金である。これは元金保証で利子が付くというものである。これが可能になるのはお金を借りて預金利子以上の利息を付けて返してくれる人がいるからである。ところが、今やまともな企業活動のために資金を銀行から借りる人がほとんどいなくなったので、預金‐貸し付け方式で儲けることが困難になってきた。そのため、預金利子は限りなくゼロに近づいてしまった。もはや銀行預金は金融商品とはみなされなくなっている。

そこで登場するのが預金にギャンブルの要素を加えた商品である。ギャンブルであるから儲かる人もいれば損する人もいるわけである。このようにして表向き高い利子率をもたせることが可能になる。しかも胴元は常に儲かる仕組みとなっている。特に、資金力と情報力に優れたファンドと称される一群のギャンブラーがこれら金融商品の取引に参加している場合には、結果はいかようにも操作可能となり、一般の参加者は一方的に損するだけとなる。元金保証などと書いてあっても十年据え置きが条件だったりする。十年後にはたぶん胴元の金融業者はいなくなっているだろう。

そもそも、金融商品で儲けるとはどういうことなのか。何ら生産活動を行っていないにもかかわらず儲かるのだから結局他人のお金をかすめ取っているだけなのだ。『訣別ゴールドマン・サックス』（グレッグ・スミス著）にあるように、金融業界に勤める賢いエリートたちはいかにして合法的に他人をだまして儲けるかということを日夜考えているようだ。彼らにとって、他人をだますのはワクワクするほど面白いのだ。要するに悪人だ。

いずれにしても、わけのわからない金融商品などには近づかないに越したことはない。そもそも金融商品の値動きに一喜一憂するようなことに人生の楽しむべき時間を消費するのはもったいない。なお、お金というモノについては後で詳細に考察する。

STAP細胞騒動

これは誠に不可解な事件であった。最初は歓迎色一色の報道体制であったものが、一旦否定されると、マスコミ総動員でO女史をつぶしにかかった事件である。背後に何らかの「黒幕」がいると考えるのが自然である。つぶしの手法は不正を働く女性研究者というイメージをわれわれの意識世界に投げ込むというごくありふれたものである。この投げ込まれたイメージに触発されて、彼女を非難した人が多数いたようだが、それはどんな人かというと、非難すべき対象を常に追い求めていてそれを見つけると元気になる人である。要するに小さな悪人である。このような小さな悪人たちがこの事件の「黒幕」であると考えるとわかりやすい。小さな悪人たちが集まって楽しんだ結果の騒動であったように見える。

STAP現象が再現できないのなら再現できないという反論の論文を書けばよいだけである。コピペが問題になったが、それは理科系の英語論文を書いたことのないものの指摘であろう。背景説明のような結論に直接かかわらない部分はコピペで何ら問題ない。昔私が論文を書いていたころは、自分で考えた英文を書いて英国の雑誌に投稿すると編集者が不自然なジャパニーズイングリッシュを勝手に自然な英文に書き換えてしまうこともしばしばであった。内容さえよければOKなのだ。

O女史の出身大学は出した博士号を遡って取り消したそうだが、これはおかしい。そもそも過程博士なのだから、指導教員がいるわけで、この場合は採点ミスのようなものであり、遡って取り消すべきはその教員の資格である。入試でも、採点に誤りがあった場合には不合格になった人を救済することはあっても、いったん合格にしたものを取り消すことはない。

STAP細胞については、O女史の論文の方法では再現できなかったそうだが、それなら、何か見逃している要因があったはずだという方向で研究すべきであって、初めから再現できないという方向で実験するのは生産的でないし悪意に満ちている。当然よい結果は得られない。癌細胞の例でも分かるように細胞というものはちょっとした刺激でその性質を変えてしまうものなのだから、工夫次第でSTAP細胞はできるはずだ、という方向で研究はすべきものであろう。

「現代のベートーベン」事件

商品を売り込むのにイメージを使うのは普通に行われている。ある種の音楽に「現代のベートーベン」のイメージを付けて売り込むことは別に問題ではない。人はその音楽とともにそのイメージを買うのである。イメージが真実でないということで、糾弾されるのなら、テレビ広告はすべて廃止されなければならない。さらに、テレビドラマも映画もすべて禁止されなければならない。実際はそんなことはない。ということなら、「現代のベートーベン」も許されてしかるべきだ。問題は、このイメージづくりに然《さ》る公共放送局が加担したことだ。取材途中にこれが単なるイメージであることはわかったはずだ。あるいは薄々気づいても、身障者とされている人を非難できないという常識に、その疑念は抑え込まれたのかもしれない。いずれにしても、このイメージは崩れないだろうという予想のもと放送したのだろう。ところが、売主の方の仲たがいで、このイメージが崩れてしまった。商品というものはさまざまなイメージを結び付けてわれわれの意識世界に投入されるモノである。

以上まとめて、今社会の隅々にまで霊感商法が行きわたっている。広い意味での信仰の流布に基づく商品の販売や行動の奨励はまさに霊感商法そのものである。マスコミや学校教育などによってわれわれの意識世界に投入される情念付きのモノは人々の行動を規制し、人々の間に信仰をもたらす。もちろん何々教という名前はついていないが、宗教そのものである。明瞭な教祖相当な人物がある場合もない場合もあるが、たいてい背後に邪悪な悪人集団が潜んでいる。いずれにしても人の行動基準は信仰による。信仰を制するものが世界を制する。その際、キリスト教、イスラム教、仏教、共産主義、民主主義、科学的、などの教義名はあまり意味がない。重要なのは実質的に人の行動を規制する信仰体系である。邪悪な意図をもった教義に染まらないようくれぐれも気を付けよう。

小集団における関係イメージ成立の例

―高次モナド系としての社会―

モナド論的に言うならば、人々がその意識世界に投入されたものによって操られるのは、そのモノを介して、操る人と操られる人の間、あるいは操られる人同士の間で整合的な関係イメージが出来上がるからである。そしてこのような関係イメージが発展して人モナドの作る社会ができる。そしてさらにその社会の代表となる高次モナドが憑依して国家ができる。まずは小集団における関係イメージ成立の例を、失敗例も含めて、見てみよう。

気功

以前、気功を演じる集団を見たことがある。気功師とその弟子たちの演舞である。師が投げる「気」に感応して弟子たちが走ったり、倒れたり、ぶっ飛んだりするのである。何も知らずに見ている方としては確かに演舞としか見えないのであるが、物理的実体としての「気」が飛んでいるという説明であった。その「気」は弟子たちにしか作用しないし、物理的計測装置では測定できない代物である。だから、それは単なるまやかしであると言う人もいるが、必ずしもそうとは言えない。モナド論的にみるならば、気功師とその弟子たちの間に整合的な関係イメージが成立し、その中で「気」というモノが実体化してやりとりされていると解釈できる。彼らの間では「気」は実体なのである。

オーケストラ

同様なことはオーケストラにおける指揮者と各楽器の演奏者たちの間にも成立する。いかに有能な指揮者であってもいきなり新しい楽団の指揮をする場合、すぐには団員たちとの間でリズムが合うようにはならないようだ。指揮者と各楽器の演奏者たちの間に整合的な関係イメージが成立するまで何べんも練習しているはずである。たぶん、整合的な関係イメージが成立したあとでは指揮棒の先から「気」が飛んでくるのではないか。

雁行

雁の群れがV字型の隊列を組んで飛んでいくのをときどき目にする。これは人間集団ではないが、あるレベルの高次モナド系を作っているとみなせる。親雁と子雁たちの間に整合的な関係イメージが成立しているように見える。V字型の形は歪んでもそのトポロジー（関係構造）は維持されているので、子雁間でも整合的な関係イメージができているようだ。

　また、鳩が集団で空を旋回しているのをみたことがあるが、こちらには中心となる鳥はいないように見えるが、方向転換など瞬時に集団の形を維持しつつ行われる。これなどは整合的な関係イメージが鳩たちの間に成立して、いずれかの鳩の方向転換の意図が瞬時に集団全体に伝わる、あるいは同時に集団内のすべての鳩に方向転換の意図が発生するのであろう。重要なのは集団内のすべての鳥が整合的な関係イメージを共有することである。鳥の間でやり取りされているモノが何なのかは鳥に聞いてみないと分からないが、たぶん「気」のようなものだろう。

家族

　現代の標準的家族は一対の男女と子供からなる。夫婦関係、親子関係、兄弟関係がすべて整合的にイメージされている場合は円満な家庭となるが、そうでない場合は問題が生ずる。例えば、ＡはＢを弟と思っているが、ＢはＡを兄と思っていないなどの場合に家庭内に不和が生ずる。また、親子関係は基本上下関係である。親に親としての自覚がなく子供と同等レベルに自分を置いてしまうと、子供は親を保護者として信頼できないので、不安感が生ずるであろう。親の重要な役割は子供に安心感を与えることである。

子供がない場合には生物学的意味はないのだけれど、夫婦が互いをその意識世界に取り込みその意識世界を拡大できるならモナド論的意味がある。しかし一方が他方を支配するような関係になった場合には、支配される方の意識世界は狭められ、関係を維持する意味はない。また、モナド論的観点からは共同生活関係が整合的にイメージできるのなら、いわゆる同性婚も可能であるが、ここで婚にこだわるのはやはり相続税などの法律問題が絡むからであろう。「婚」に法律問題のみかかわるのであれば、同性婚を認めてもよいであろう。一種の法人組織である。しかし「婚」には教育問題も強く関係するので、簡単には認められないであろう。相続問題だけなら、今の法律でも解決できるだろう。

昔、爺さんの代ぐらいまでは妾というものが一般に認められていたようだ。妾が子供連れで正月に本宅にあいさつに来たというような話を聞いたことがある。現代なら、三角関係の大騒動になるところである。本妻の内心はわからないが表向きは何事もなく応対ができていたようだ。本妻と妾の間に上下関係を伴う整合的な関係がイメージされていたのであろう。

教室内

教師と生徒の関係は親と子供の関係に似ている。しかも教師は父親と母親の両方の役割を演じなければならない。だから、教師は圧倒的に強く、圧倒的に賢く、圧倒的にやさしくなければならい。もちろん、これは生徒との関係性におけるイメージとしてであるが、教師と生徒の間にこのようなイメージが成立してこそ生徒間に対等な関係が成立する。教師が生徒に友達のように接すると、生徒の意識世界で生徒間関係が重要性を帯び、教師の役を受けもつものが出てくる。こうして、次第に上下の関係が発生する。いわば、教室内社会である。生徒の自主性が育つからこれは望ましいと考えるなら、大きな間違いである。教室内の自然発生的社会は原始社会であり、即いじめ問題に直結する。

売り子と客

売り子と客の間にも一時的ではあるが、それぞれの意識世界に関係イメージが発生する。このイメージに整合性が取れていると売る方も買う方も気持ちよく対応できるが、ときどきそうでない場合がある。例えば、お金を払う客が殿様気分で横柄な態度をとると、売り子の方もつっけんどんな態度になる。なぜそうなるかというと、通常そのお金は売り子の所有にはならず、単に販売作業をしているだけだからである。とはいえ、売り子の方も売り主側の一員としての態度が期待されているので、それなりの自覚は必要であろう。また、品物やサービスが先で、代金は後というのが一般的だろうから、客の方も品物やサービスに対するお礼としてお金を支払うと双方とも気持ちよいだろう。売り子と客の間の関係は一時的であるので、細かく整合化させる時間的余裕はない。このような場合には双方が感謝のイメージをもてばよいのである。双方の感謝の関係はそれ自体が整合的である。

失敗例・連合赤軍事件

これは整合的な関係イメージの成立に失敗した例であるが、かつて、連合赤軍事件というものがあった。山中のアジトで、仲間の半数近くを殺害するという事件である。これは二つの「共産主義的」思想集団が合体して社会改革のための戦闘的集団を作ろうとしたことが事の発端である。一方の集団には男性指導者（M）がおり、もう一方には女性指導者（N）がいた。ふつう一つの集団に二人以上の中心人物がいると内部抗争が起こるものであるが、この場合には、Nは自ら中心者になるよりは中心者のそばにいてその意をメンバーに伝えるという巫女的立場に立つのを好む性格であった。そのため、両者の間では特に抗争は生じず、自然とMを中心とする統一が図られたようである。その際使われたのが、「共産主義化」という課題である。これをメンバー間で実践的に共有することによって、Mを中心とする整合的な関係イメージを作り上げようとしたようだ。何かのきっかけで目を付けられた一人に対して、周りのメンバーの援助のもとこの課題の実現を迫るという共同作業が始まる。もともと「共産主義化」は言葉だけで内容が全くない代物であったため、答える方も援助を与える方も支離滅裂となる一方であり、さらに戦闘集団としての性格からこの援助も戦闘的性格を帯び、結局対象者を死に至らしめることになったようである。この死をMは「敗北死」と名付け、仲間による殺害という思いを払拭したが、これには成功した。「共産主義化」では達成されなかった整合的な関係イメージが「敗北死」を媒介として曲がりなりにも出来上がった。こうして次々と「敗北死」が発生したわけである。以上の記述はNの著書（『十六の墓標』など）を参考に筆者が勝手に解釈したものであることを断っておく。

なお、このNの著書はその懺悔調のタイトルにもかかわらず、情緒的記述を一切含まず、おぞましい殺害現場の記述も、自身の心の動きも含め抑制のきいた客観的記述に徹している。これを「あっけらかん」と評する向きもあるが、一面、これは玄人好みの文章でもあり、宗教家でもある高名な小説家の心を動かすものとなり、後にNの裁判の弁護側証人として立ったこともある。

ちなみに、Mはその後獄中にて自殺を遂げ、すなわち自ら「敗北死」を選び、Nは死刑判決を受けるも脳腫瘍により獄中にて亡くなった。脳腫瘍の医学的原因は不明であるが、もしかしたら自らの情緒を封殺したことに対する脳組織側からの反乱かもしれない。

いずれにしても、空疎な思想によってある集団の中に整合的な関係イメージを作り上げることは土台無理な話で、結局は大量殺戮によってその思想に「重み」を与えるという手を使うことになる。これまでの共産主義革命なるものがみなそうであったように。今後もおなじようなことが起こらないとは限らない。

国家の原理

国家はどうしてできたか。よくある教科書的な解説は、「農耕が始まり、集団作業を効率よく実行する必要上、全体を指揮する人ができて、それがだんだんと権力をもつようになり、王様となり、国の形になっていった」といったものである。しかし、集団作業が国家を生み出す必然性は全くない。例えば、少年が何人か集まると必ずガキ大将ができる。また、井戸端会議で何人か集まると多くの場合全体を仕切りたがる人が出てくる。共同作業があるかないかは関係ないのだ。集団を仕切りたいという情念の問題なのだ。この情念が国家の起源だ。農耕はこの情念に駆動される行為を実現するために利用されたにすぎない。仕切りたい人が複数出てくると陰に陽に小さなバトルが始まる。これが戦争の起源だ。

集団を仕切りたいという情念の起源はモナドの意識世界拡張への情念にある。高次モナドとしての人の集団が作る高次モナド系の発展形態にはさまざまなものがあるが、基本的原動力は意識世界の拡張への情念である。さまざまな発展形態が生まれるのは人の脳による創意工夫と、戦争などの相互作用による。さまざまな発展形態それぞれに組織化情念が形成される。この組織化情念のもと戦争やさまざまな儀式を経て参加するモナド間に整合的な関係イメージが成立し組織が完成する。

人は重層的に複数の組織に参加する。そしてそれぞれの組織情念を身に着け、それぞれに整合的な関係イメージをもつ。脳はその成長過程でそれら関係イメージに基づく行為を基本プログラムとして組み込む。プログラムには意識世界の情念が結びつき、情念を通して意識の行為が操作される。

奴隷制は他人を隷属化したいという情念に基づく制度

古来戦争は奴隷の獲得が目的であったそうな。この場合、戦争の当事者はどちらも奴隷制の観念は受け入れていることが前提となる。負けた方は奴隷制の観念が奴隷とされる視点を以て自然とその意識世界に入り、一方勝った方には同じ奴隷制の観念が奴隷を使う方の視点を以てその意識世界に入ってくる。このようにして整合的な関係イメージが出来上がる。ここでは戦争は一種の儀式である。ギリシャ時代の戦史を覗くと、このように儀式化するまでは戦争に負けると男は皆殺し女子供は強制的に奴隷にするという扱いになったりしたようである。要するに、相手が奴隷としての関係イメージを共有しない場合は皆殺しだ。近代奴隷制が行われた新大陸において原住民が皆殺しの目にあったのもこの理由だ。

奴隷制は現代ではなくなったと言われているが、奴隷とその所有者の関係に似た関係は至る所にある。例えば、企業の所有者である株主とその企業の従業員との関係である。株主は企業を従業員付きで他の株主に売ることがこのところよくあるが、これは従業員を奴隷として扱っているように見える。これに対しては、売り買いしているのは従業員ではなく従業員を雇う能力であるという答えが返ってくるであろう。確かに従業員の自由は保障され、その企業を辞めることはできる。しかし、これは形式的自由である。実質的にはお金によって拘束されている。

また、派遣労働者という制度があるが、これは労働力すなわち労働者を商品として売り買いする制度である。特殊技能をもつ人ならその技能を売り込むという形で主体的に派遣を利用できるが、一般労働者の場合には全く主体性のない売買対象の労働力であり、まさしく現代の奴隷制そのものではないか。

国家の成立

奴隷とその所有者の間には整合的な関係イメージが共有されるが、この段階ではまだ国家は出来ない。この関係は一方的であり、奴隷は所有者の意志決定に参画できないからである。

対等な人モナドの間に整合的な関係イメージができたときに国家が成立する。ギリシャのポリス国家がよい例だ。民主主義国家である。民主主義とは言ってもその中に奴隷制を含んでいる。奴隷は国家の成員とはみなされない。奴隷はその所有者との関係イメージを共有しているだけで、国家レベルの関係イメージを共有しているわけではない。

対等な関係は不安定であり、ほどなく崩れる。人モナド間の通信により微妙な力の差が次第に拡大され専制君主のような存在が出来上がる。力の差が拡大される過程は強いものには協力者が集まりさらに一層強くなるという構造である。ここでいう力とは何か。井戸端会議ではおしゃべり力、子供の遊び仲間では腕力。ポリス国家においても同様で、弁論力、軍事力が重要であるが、これらにさらに、奴隷をたくさん所有しているなどの財力、人を引き付ける人望力、技術力、知識力、外交力などが加わる。

強いものには協力者が集まるという現象は常識的にはよく理解できるが、モナド系の拡張原理3（95ページ）に基づく高次モナドの基本的性格と見ることもできる。自己拡大に向かう性格である。協力者を受け入れる強者はもちろんそれにより自己拡大が達成される。また協力者の方も強者の世界に入ることにより、自分が中心ではないが、自己拡大が達成される。協力者の意識世界拡大の方法には大きく次の二通りが考えられる。

（一）強者の意志決定に参加できるようにする。この場合、重要なことは協力者は奴隷として強者の世界に入るのではないという点である。強者の意志決定に何らかの形で参加できなければならない。さもなくば、協力者の意識世界は縮小こそすれ拡大することはなく、協力者となることに意味はないからである。

なので、強者の方もそれなりの餌は用意している。例えば、適当な閣僚ポストや貴族序列をちらつかせる。

（二）協力者に仕える奴隷をより多く与える。これにより、協力者は強者の意志決定に参加せずとも自分の意識世界を拡大できる。そしてその奴隷にも同じくさらに下の階級の奴隷を与える。こうして末端の奴隷以外はすべてその意識世界が拡大され、ピラミッド型の階級社会ができる。このような階級社会では、成員は下位者に対しては主人でも上位者に対しては奴隷であり、頂点に立つ者以外はすべて奴隷である。

実際の階級社会は（二）を基本としつつも随所に（一）の要素が入る。特に階級の頂点部分と底辺部分にその傾向が顕著に出る。頂点部分にたった一人で立つのは荷が重すぎるという点と人には寿命があり後継者を育てなければならないという事情がある。こうして頂点部分を構成する集団ができ、支配階級となる。一方、底辺ではそれより下はないので、底辺に近づくにしたがって、階級構造があいまいになり、相互的関係が生まれる。

勝ち負けの情念とその起源

前節で強者の概念が出てきたが、強者は何らかの勝負で勝つことにより強者となる。ふつうわれわれはみな強者を目指す。そして、われわれの生活は勝ち負けに満ちている。オリンピックはその内容はすべて勝ち負けで埋め尽くされている。甲子園も然り。受験も然り。○○コンテスト然り。カラオケ然り。以前、競馬で騎手を振り落とした馬が先頭を目指して必死に走っている姿を見たことがあるが、馬単独でも勝ち負けにこだわるのだ。以前、ギャンブラーもののハリウッド映画の中で、主人公が「働いて金を儲けるのは退屈だが、勝負に勝って稼いだ金は面白い」というセリフを吐いていたが、まさに勝ち負けの情念は面白さの情念に満ちているのだ。

オリンピックはギリシャ時代に戦争に向かう勝ち負けの情念の向きを転換させるために編み出された催しであると聞く。これを近代に復活したのが近代オリンピックであるが、本来の趣旨とは裏腹に勝ち負けの情念はその向きを変えることなく強化され、さらに悪いことには、お金が絡むことにより悪人のたむろする場となり下がってしまったようだ。勝ち負けの情念の向きを変えることは容易なことではないのだ。

　勝ち負けの情念はいかにして形成されたか。もともとのモナドの意識世界に存在していたモノか。もしそうなら、われわれはこの現実をそのまま甘んじて受け入れなければならない。

「素《そ》のモナド」すなわちモナド協力系につながる前のいわば裸のモナドがモナド協力系の衣を着、高次化して人間にまでなる過程をつぶさに見てみると、モナドが生命体に宿るようになって以来さまざまな情念がモナドの意識世界に組み込まれるようになったが、どうもその中に勝ち負けの情念が入っているようだ。しかも中心的情念として。生命体はモナド協力系のうち寿命と自己増殖能をもつようになったものである。生命体に宿るモナドの行為によりさまざまな変化が生ずるが、そのうちで自己増殖に有利なものが生き残り、不利なものが消滅する。こうして進化の過程が始まる。この過程で生命体に生存競争に勝つためのプログラムが組み込まれる。そしてその生命体に宿るモナドの意識世界にはそのプログラムに対応して勝ち負けの情念が形成される。モナドの行為はこの情念によって駆動されるようになる。要するに、勝ち負けの情念は生命体の論理に属する。

生命体に宿って久しい現代の人モナドにとって、勝ち負けの情念から逃れることは困難である。しかし、できないわけではない。モナド本来の姿に立ち返り、喜び、楽しさを生活の中心において他のモナドとの通信を楽しむ。他のモナドとしては同レベルの人モナドだけでなく、高次化レベルの異なる植物、動物、無生物などとも通信を楽しむべくモナドはできている。

勝ち負けの情念は一種の麻薬なのだ。人モナドは勝ち負け情念の中毒に陥っているのだ。中毒（正確には依存症）は脳プログラムの不備による。脳プログラムに対応してモナドの意識世界には情念が形成される。モナドの行為は情念によって駆動されるので、脳プログラムはモナドの情念に働きかけて意識の行為を制御する。この働きかけのプログラムが適切でないと依存症が生ずる。もともとプログラムというものは一定の状況においてだけ適切に作動するようにできているものなのに、プログラムの想定を超えた状況には適切に対処できなくなることがある。特に快につながる情念を刺激する場合である。もともと快、喜び、楽しみの情念はモナドの生活の基本である。プログラムがそれを刺激するならそれによって駆動される行為はその快を求める方向に行ってしまうのである。しかし脳によって刺激される快はモナド本来の喜びではない。この快の追及は結局モナドの精神世界を破壊し、結果として脳自体も破壊してしまう。脳による意識の支配という主客転倒の状況が起こっているのである。アヘン、糖質、ギャンブル、などの依存症はすべてこの構造である。

自己拡大への情念と勝ち負けへの情念が結びつくと戦争への情念となる。専制君主あるいは専制君主的心性をもった為政者は戦争を好む。戦時においては兵隊のみならず国民全体を自分の意のままに動かすことができるからである。これは為政者にとって最大限の自己拡大となる。コロナ騒動がなかなか終わらないのもコロナとの戦争をいつまでも続けていたい為政者たちがいるのも一因ではではなかろうか。

帝国主義的発展とその崩壊

先に述べたように、何もしなければ、対等者が作る国家は必然的に専制君主国に転化する。このような専制君主国が複数存在すると、それらの間に、交通がそれほどない間は併存可能であるが、交通が活発になると、専制君主の拡大意志がぶつかり合い、一方が他方の支配下にはいるまで戦いが続く。こうして交通可能地域全体にわたる専制君主国家が出来上がる。いわゆる帝国主義的発展である。

問題は、専制君主を担っている人モナドには寿命があるという点である。代替わりが必要になる。初代の人モナドは、それを取り巻く協力系もまた国家の成員も君主モナドの意識世界に組み込まれており、結びつきは密接であるが、代替わりのたびに意識世界への取り込みを再構築しなければならない。協力系の補佐が適切でない場合には、代を重ねるにしたがってその意識世界への取り込みは薄くなり、結局何代目かに必ず崩壊するのである。創業企業も同じことで、いわゆる三代目の倒産という事例である。君主モナドの意識世界が国家と一体化できなければ、内部に部分モナド系が一つまたは複数生成され、それらが国家としてのふるまいを始め、帝国は崩壊するのである。代替わりの際に行われる儀式はこの一体化のための装置なのである。儀式により君主及び全成員が一つの国家イメージをそれぞれの意識世界に取り込むのである。

専制君主制以外の国家形態は可能か

先に、対等者が作る国家は必然的に専制君主国に転化すると述べたが、これは何もしない場合である。工夫としては、シンボルとしての君主を置く方法がある。シンボル君主とその成員の間だけに上下の関係イメージを作り上げることにより、シンボル君主の下でその成員は平等となる。ただし、この場合、シンボル君主が十分に権威のある存在でなければならない。例えば、代表的なところでは神話的起源をもつ天皇あるいはキリスト教の神などがある。シンボル君主に十分な権威がないと、それを無視するような形で成員間に上下の関係が生じ、実質的専制君主が成立することになる。また、シンボル君主は国家としての自由意志をもたないので、国家意志を実現するための代理人が必要になる。そこで、問題となるのが代理人の選び方である。

選挙または戦争が通常取られる方法である。それらは一種の戦いの儀式であり、その儀式を通して勝利者とその他の成員間に整合的な関係イメージが出来上がる。選挙はともかく、戦争も儀式であるというと読者の中には違和感を覚える人もいるであろう。シンボルとはいえ皆が認める君主の下での戦争なので、戦争法などいろいろ決まりがある中での戦いとなり、一種のスポーツ競技のようなものである。事実日本の戦国時代の戦いでは丘の上から近くの百姓たちが手弁当で見物していたというような話もある。もちろん死者も多数出るのであるが、それは戦闘員に限られ、基本非戦闘員に及ぶことはない。しかし、上位の君主をもたない国家間の戦争では、時に非戦闘員にまで及ぶ徹底的な殺戮が行われる。これは相手国を奴隷化した時点で終わる。あるいは、両国が同じくらいの破壊力を有する場合は、膠着状態が続く。先の大戦及びその後の世界情勢を見るとこの点はよく分かる。

選挙がある場合でも、現在はさまざまな世論操作の技術が開発され、選挙結果はいかようにも操作可能となっており、この場合も実質専制君主制と同じである。ここに人々の苦しむ原因がある。ここで世論操作の技術はマスコミやＳＮＳなどをお金の力により支配し、人々の意識世界に情念付きのモノを投入することによって実現される。

結局のところ、表向き平等国家の姿をしていても、程度の差こそあれ、少数の支配層と一般大衆の被支配層という構造に落ち着くように見える。モナド系としてみるならば、支配層のモナドの意識世界は拡張されるが、被支配層の意識世界はむしろ狭められる。モナド系としては決して理想的な形態ではない。

支配－被支配の構造をもつ典型は軍隊組織である。被支配層に属する人モナドの脳はそれ本来の意識モナドに従うのではなく、外の支配者の命令に従うようになり、意識モナドは完全に疎外された状態に置かれるが、脳による補佐がないため、通常はそれに気が付かない。こうして、支配者の意志が効率よく貫徹されることになるが、支配者の意識のみが活動することになり、創造性が欠落し、システムは硬直化し、活力を失い、結局消滅することになる。ときどき、中小企業は生産効率が悪いので、大企業に統合すべしといった主張をなす経済人がいるが、これは全く支配者側の論理であって、これを実行すれば、最終的には国家を破綻させることになる。

一方、対等なモナド系が維持できれば、仕事は遅いが、構成員の意識モナドが積極的に関与できる。構成員全員が全体イメージをもって活動し、創造的仕事が行われる。構成員全員が幸福感を得ることが可能になる。

では、いかにしたら対等なモナド系が維持できるか。支配－被支配の構造生成の原動力になっている力はかつては暴力であったが、現代ではお金の力となっているようである。そこでまずはお金には何故そのような力があるのか、そこから解明しなければならない。

お金とは

「お金」としてまず第一に思い浮かぶのは紙幣や硬貨などの現金である。しかし現代では実際の売買において現金をやりとりすることは少なくなっており、多くは銀行口座間での数値の移動で済ましている。その銀行口座の数値も、かつては現金を銀行に預金するという形で設定していたが、今ではほとんどそのようなことはなく、給料として、あるいは年金として、あるいは還付金として振り込まれるのが普通になってきている。振り込まれるといっても口座の数値が操作されるだけである。また、現金とは何かと言えば、個々の紙幣や硬貨に意味があるのではなく所有する現金の総量にのみ意味があるので、現金とは個人が管理する中央銀行口座の残高であるといってもよい。結局、お金とは銀行口座の数値である。しかし、ただの数値ではない。強固な実在感をもってわれわれの意識世界に投入されたモノの一つの表現である。この実在感を与えるもっとも基本的な要素は価値の観念である。

価値とは何か

お金には価値がある。だから蓄えることに意味があり、さまざまな場面で使うことができる。価値とは何か。さまざまな場面で使うことができるから価値があるのか。あるいは価値があるからさまざまな場面で使うことができるのか。経済学としてはたぶん前者を取るだろう。というのは後者を取ると価値を別に定義しなければならなくなるから。しかし、心情的には後者である。とすると、価値を別に定義しなければならなくなるが、それはどうするのか。このような場合には無定義用語とする方法がある。ユークリッド幾何学では、点、直線、平面、などは無定義用語である。それらの使い方が分かれば、それらの意味は分からなくてもよい。そして、使い方を規定するのが公理系である。というのが無定義用語の数学における説明である。しかしながら、公理系を設定するとき、無定義用語の直観的意味は把握されているはずである。さもなくば公理系を思いつくことすらできない。そこで、直観的意味ということが問題になる。意識世界の出来事としてとらえるなら、それは感覚、情念あるいは観念である。感覚としての青色は定義のしようがない。老婆心ながら断っておくが、「四三五ナノ・メートルの波長の光」は電磁波であって、色ではない。青色はもともと意識世界に存在しているモノである。価値ももともと意識世界に存在しているモノとしての観念と考えるのが適切である。価値の観念には次のような基本的性質がある。

（一）人モナドは他の人モナドとの通信を経て他の人モナドが価値ありとするモノを自らも価値ありとしてその意識世界に取り込もうとする。これが価値あるモノの所有の起源である。

（二）価値は比較可能（comparable）であり、また加算的（additive）である。これにより、価値は単位を決めれば一元的に数値化できることになる。この数値がお金の起源である。

お金の変遷

価値あるモノの交換を媒介するモノとしてお金が登場した。お金の基本的性質は

（a）それ自体に価値がある、

（b）任意に分割可能である、

（c）永続性があり、勝手に増えたり減ったりしない。すなわち保存則を満たす。

お金としてはまず金属の金が選ばれた。これは明らかに上記三つの性質をもつ。江戸時代には米がお金として使われたようであるが、（c）の性質がない。これはその年度内に消費することを前提とする臨時のお金である。貯めることができない。これはお金としてはよい特徴かもしれない。貯蓄による貧富の差が出ない。江戸時代でも、お金として普遍的に通用していたのは小判や銭である。悪代官に賄賂を渡すときなどは、米ではなく小判が使われる。庶民が酒などを買うときはその代金は文（もん）単位の銭で払う。米を金属貨幣に変換すると蓄財が可能となる。ここ

で、米、小判、銭のように複数のお金の形態が存在しても一元的なお金として通用するのは、米問屋や両替商がそれらの間の変換を行ってくれるからと見るのが普通であるが、モナドの意識世界の観点からは、一元的なお金の観念がまずあり、その実現形態としてこれら機関が発生したと考えられる。

それ自体に価値のある金や米の次に出てくるのが紐付き貨幣である。いわゆる兌換紙幣である。金との交換可能性が明記されて、その紙幣に金と同じ価値を与えている。しかし紙幣自体としてはただの紙切れであり、何の価値もない。しかも実際には保有する金の量の何倍もの紙幣が発行されるのであるが、通常問題は発生しない。というのは、紙幣を所有する目的は商品やサービスと交換することであり、それが出来さえすれば、金とリンクしているか否かは問題ではない。こうして紙幣が使われているうちにわれわれの意識世界にあった価値の観念が紙幣に結び付くようになる。そして、紙幣の製造元は金との交換可能性の明記を外しても大丈夫だろうという判断に至る。

不換紙幣の登場である。不換紙幣は価値の観念に結び付けられることによって金や米のようにその物自体が価値をもつ。素材は問題ではない。紙幣か否かが判別できればよい。偽札は真札と区別された時点で価値を失い、偽札を受け取った人は損害を被る。真札と区別できない限り偽札は価値を失わず、得する人はいても損する人はいない。いずれにしても紙幣（真札と区別できない偽札も含む）の製造は価値の創造である。

次に登場するのが銀行口座の数値としてのお金である。これはすでに価値ありとされた現金（中央銀行券）と等量交換可能であることを保証することにより、口座の数値に価値を与えている。これも紙幣と同様に、口座間の数値のやりとりだけで価値の移転を経験しているうちに、銀行の口座の数値そのものが価値をもつようになる。こうして口座の数値がお金になる。口座の数値はどのようにして増えたり減ったりするのか。昔は現金預金によって増やすことが大方であろうが、現代では現金預金は小売業以外はほとんどないのではないか。私も遠い遠い昔に郵便貯金で現金を預金した記憶があるくらいで、以後全く現金預金を行ったことはない。もっぱら、引き出すだけである。口座の数値が増えるのはどこからかの振り込みによる。親からの仕送りは親の口座から学生の口座への振り込み、給料は会社の口座から社員の口座への振り込み、年金は政府の日銀口座（あるいは何らかの公的機関の銀行口座）からの振り込みという具合だ。振り込みは同じ量の金額が一方の口座では引かれ他方では加えられる。この操作は厳密に行われ不正の入る余地はなさそうだ。これにより口座への信頼が担保される。勝手に贋金は作れないのだ。

振り込み以外に口座の数値を増やす方法に銀行ローンがある。これは口座間の数値の移転とは少し違うようだ。後に述べるように銀行はプラスマイナスゼロの方式で原理的にはいくらでもお金が作れるのだ。プラスのお金は使えるお金として、マイナスのお金は債務として借り手に同時に渡す。借り手の受け取るお金はプラスマイナスゼロでなので、借り手の資産は増えていない。これで、お金の保存則は満たされるわけだ。プラスのお金は借り手の口座に単に数値を書き加えるだけで作れる。もちろんこれは勝手にできるわけではなく、マイナスのお金すなわち借り手の債務を設定することで可能になる。このようなことが許されるのは銀行だけのようだ。サラ金業者にはまねできない。帳簿システム上はもっと込み入った説明がされるようである。例えば、借り手の債務は銀行側の債権となり銀行の資産となるようだ。これで帳簿上の帳尻を合わせている。いずれにしても銀行がプラスマイナスゼロの方式でお金を作り出していることに変わりはない。

このようにして銀行はお金を作ることができるため、現金と等量交換可能であるといっても、一度にすべての口座の数値を現金に交換することはできないのが普通である。口座預金の総額は銀行の実質資産（債権等を含む帳簿上の資産でない）の何倍もあるのが普通である。これがいわゆる取り付け騒ぎを引き起こす元である。また、マイナスのお金すなわち借金には通常利子が付くので、その問題もある。これらの問題については後でまた触れる。

素粒子の対生成との類似性について

銀行ローンにおけるお金の生成方式は素粒子世界での対生成《ついせいせい》に似ている。質量ゼロのエネルギー体としての光から質量をもった物質としての粒子（電子）と反粒子（陽電子）が対で生成される。これを対生成という。また、粒子と反粒子が合体して物質は消滅して質量ゼロのエネルギー体としての光になることもある。これを対消滅《ついしょうめつ》という。銀行は正金と負金を対で作る。正金は借り手の口座に書き込まれ、負金は借り手の債務となる。借り手が、債務を返済すれば、正金と負金は合体してお金は消滅する。その時何か生み出されたのだろうか。素粒子におけるエネルギー体としての光に相当するものは銀行ローンの場合は何だろう。借り手が借金を返済できたということはどこかでそれだけお金を稼いだということ、言い換えれば、何らかの生産活動に従事したあるいは単に何らかの活動があったということを意味する。あるいは何もしなくてお金が入ってきたとしても、別の誰かが活動しているわけで、結局人々の生産的行為がお金を生みだすエネルギーになっている。しかし、素粒子世界とお金の世界の対比はここまでだ。素粒子世界にはないお金を生み出すための「合法的な」詐欺的仕組みがとりわけ金融部門において横行しているように筆者には見えるが、いかがなものであろうか。

お金の放出と回収

不換紙幣や銀行口座の数値はそれ自体が価値をもつので、一種の商品とみなすことができる。お金の製造元はいかにしてその商品を一般に流布するのだろう。ビールのような商品は製造元から出荷され一般に販売されて消費者の手に届く。しかしお金を売り出してもそれを買う人はいない。一〇〇円のお金を一〇〇円出して買っても何の意味もない。

お金の製造元は製造した分だけ自分の富が増える。これでは不公平なので、製造元は個人ではなく、機関であって製造したお金を所有することはできないことになっている。なので、機関の職員の給料の支払いや機関所有の不動産の購入などにそこで作ったお金を使うことはできない。ではどうやって作ったお金を一般個人（法人も含む）に流布させるか。それは貸し出しによってである。貸し出しには債権が伴う。すなわち、借り手はプラスのお金と共にそれと同じ大きさのマイナスのお金を受け取る。プラスマイナスゼロで借り手の富は増えていない。プラスのお金は使うことができるが、マイナスのお金は返す義務を負う。

中央銀行は作ったお金を政府および市中銀行に貸し出す。市中銀行は個人に貸し出す。政府および個人は借りたお金を使う。政府は借りたお金を返すために税金を取りたてる。個人は借りたお金を返すために働いてお金を稼ぐ。こうして中央銀行から放出されたお金は国中に行きわたった後再び中央銀行に戻っていくという大きなお金の流れができる。これは丁度心臓から出た血液が動脈を経て体中に行きわたった後静脈を経て再び心臓に戻っていくのに似ている。いわば、中央銀行は経済システムの心臓に相当し、お金は血液に相当するわけである。

しかし、事はそれほど単純ではない。お金の流れの下向上向の途中にさまざまな金融業者や機関が巣食い、この流れを複雑怪奇なものにしている。しかも、これら業者や機関が作る金融市場に中央銀行が介入してお金の流れを制御しているそうだ。この介入をオペレーションと呼ぶようだが、やっていることは金融商品を買ったり売ったりする操作である。表向きは、お金の流れを正常化するための操作とは言うものの何らかの団体や個人の利益につながっているかもしれない。というのも、オペレーションに使うお金は中央銀行が作ったお金である。本来は直接の売買には使えないはずである。それを売買に使うのは真札と区別のつかない偽札を使うのと同じことである。金融市場というのはギャンブルの要素が入っている。そこに一方のプレイヤーとして参加するので、損したり得したりするわけだが、贋金なので損しても痛みを感じない。というわけで、金融市場には贋金があふれかえることになる。これが金融資産の大きさが実体経済の規模をはるかに超える規模になっていることの原因である。

利息について

利息というものは何故可能なのか。本来お金はプラスマイナスゼロの形で市中に出回るのだから、マイナスのお金に利息を付けて全額返済することは原理的に不可能である。必ず倒産や破産が出ることになる。この場合、債券は実質消滅し、貸し出したプラスのお金だけ市中に残ることになる。この分だけお金は増えるので、利息が可能になる。また先に書いた中央銀行が放出する「贋金」も利息として使えるだろう。あるいは、借り換えによって利息を返す方法もあるだろう。この場合、債権は増えるが、債権の所有者が文句を言わなければ、問題は起こらない。

いずれにしても、利息による収入は仕事をして得るお金ではないので、結局、他人の仕事の成果をかすめ取るものではないのか。

市中銀行での貸し出し

市中銀行での貸し出しもプラスマイナスゼロの形で行うので、原理的にはいくらでも貸し出せるわけだが、それは取引がその銀行の口座間で完結している場合だ。

実際には完結しないので、一定の制限がかかるようだ。保有現金資産額（銀行の中央銀行口座の数値）の何倍といった具合に。貸し出しは借り手の銀行口座に金額を書きこむだけで済むが、その金額は中央銀行券に変換できるという建前になっている。ということは結局中央銀行に借金して貸し出していることになる。ただ、その借金が中央銀行に断りなくできるという点が銀行の特権である。とはいえ、借り手が返せなくなった場合には、中央銀行への借金だけがその銀行に残ることになる。こうして市中銀行における不良債権問題が発生する。このような不良債権は最終的には金融市場で中央銀行によって買い取られ倒産企業や銀行は二束三文で売り払われる。ここでも債権の買い取りにより金融市場にはお金（実は贋金）が注入されることになる。

ギリシャ中央銀行はユーロ中央銀行に対する市中銀行のようなものである。だから、国家の財政破綻では倒産状態になる。そして財政再建の名のもとにユーロ中央銀行からの支援と引き換えに国有企業や経営不振の民間企業は外国資本に安く買いたたかれることになる。このようにして、お金の力によりユーロ圏の中央集権化が達成されていく。ここの記述は『黒い匣《はこ》』（ヤニス・バルファキス著）を参考にした。

お金による支配

お金の放出と回収の流れの中で人々は生活している。衣食住すべてがお金に依存している。また、お金があれば人はその意識世界を如何様にも拡張できると思っている、たとえそれが幻想であったとしても。だから、人々はお金の湧き出し口に集まり、お金の言うことを聞くようになる。人々の行為を左右する能力を権力というならば、権力者の第一の候補はお金の流れを操作することのできる人あるいはその集団である。大量のお金を所有している者はもちろんこの中に入るが、自身は所有していなくともお金の大きな流れに影響を与えることのできる者も入る。例えば、巨大金融企業あるいは各国の中央銀行を背後から操ることのできる集団（陰謀論か）などがこれに当たる。また、政府部門の財務を扱うところや巨大な予算を管理する医療部門なども大きな権力をもちうる。

このお金の流れの末端部分には実質的生産活動に従事している層がある。よく働いてもらわなければならない。このため、この末端層にはあまりたくさんのお金は回ってこないような経済システムになっている。お金が沢山入ってくるとそれ以上働く必要が無くなって経済が回らなくなるからである。

一方、先に述べたように金融部門には大量のお金が流れ込んでいる。実質的生産活動には従事していないので、お金がたくさん入ってきても経済にとって問題ないからであろうか。皮肉にも実体経済とは関係ない部門に大量のお金が流れ込むような金融システムになっているようだ。しかしこの部門で流れているお金の多くは「贋金」であり、いずれ発覚して崩壊することが予想される。

崩壊後にどのような金融システムが生まれるであろうか。そのままだと再び同じようなシステムが生まれ、同じような崩壊劇がさらに一層大きな形で繰り返されるであろう。とはいえ、人モナドの基本的性格からして、ギャンブル金融を禁止することはできないであろう。ではどうするか。例えば、出来るかどうかは分からないが、ギャンブル金融市場を競馬のように一つの閉じた世界にして、その中で勝手に遊んでもらうが、そこで流通するお金は外に出てくることはできてもかなり限定的なものにする。完全に閉じてしまうと、ギャンブルの意味がなくなるので、ある程度は開いておく必要はあろうか。このようなことができれば、金融市場が崩壊しようが外の世界にはほとんど関係しない。要するに、金融市場で資金を運用するという発想がそもそも間違いなのだ。たぶん、このような話は素人のたわごととして一笑に付されるであろうか。

道徳力による支配

お金による支配を補完するものとして暴力による支配と道徳力による支配がある。これら三つにはそれぞれ得意分野がある。主に、暴力は悪人を支配するのに使われ、お金の力は弱者を支配するのに使われ、道徳力は善人を支配するのに使われる。善人は良いことの基準すなわち道徳に従う傾向が強く、悪人はそれを無視する傾向が強い。暴力は、また、お金の力にも道徳力にも動かない人を動かすのにもつかわれる。その際重要なのはそのような人を悪人だと決めつけることである。すると、本当は善人かもしれないけれど、悪人を支配するための暴力ということになり、許される場合が多い。ここで暴力というのは実暴力はもちろんのこと、法律に基づく禁止や推奨などで、多くの場合刑罰を伴うものをいう。

道徳化による同調圧力

この章の最初に「モノに操られる人モナド」について書いたが、数あるそれらモノのうち道徳化したモノに人は強く影響される。道徳化したモノとは「良いことの情念」を伴って行為を促す命題である。ここで、「良いこと」は人類社会にとってよいかどうかは関係ない。また個人にとってもよいかどうかも関係ない。ともかく「良いこと」の情念を伴ってさえいればよい。「良いこと」の情念を伴う行為命題がわれわれの意識世界に投入されることが道徳化の始まりである。これが広く行きわたることにより道徳化が完成する。このような道徳化により人々に強制でなく、自らある一定の行動をとらせることができるようになる。この現象を観察して喜ぶ個人あるいは集団がいる。あるいは、これにより利益を得る個人あるいは利権集団がいる。これが道徳化による人々の支配である。

道徳化した行為命題に対する人々の態度は次の四つのいずれかである。

（一）その行為命題を心からその通りと思い率直に従う。中には他人に強制する人まで出てくる。この人たちは良いことをしているという安心感を得るとともに、周りから善人として扱われていると思っている。

（二）その行為命題が正しいかどうかわからないが、周りの目があるので、ともかく従っておく。悪人と思われたくないのだ。この中にも少数ながら他人に強制する人がいる。

（三）その行為命題の正しさに疑いを抱いており、外から行為を強制されるのが嫌なので、その命題に従わないが、他人に従わないことを強制したりはしない。また、場合によっては無益な軋轢を避けるために従うふりをすることもある。

（四）その行為命題が明らかに間違いであるという確信をもっており、積極的に従わないのみならず、他人に従わないことを強制したりする。

これらのうち、（二）が同調圧力の表れであるが、（一）も根拠なく従うので、同調圧力の結果だといってよい。問題は（四）である。道徳化を推進する側は（四）の非論理性とりわけその過激な部分を取り上げ、(三) もろとも捨て去るのに利用される。この意味で、(四) は道徳化推進の一翼を担っている。

「良いこと」の例

最近の「良いこと」の例としては、マスク着用、ソーシャルディスタンス（意味不明なカタカナ語ではあるが）、コロナワクチン接種、CO_2 削減、ＮＨＫ受診料納付、レジ袋有料化、消費税増税、定期検診受診、抗がん剤などの標準治療を受ける、などなどいくらでもある。これらのうちほとんどはその道徳化に成功しているが、中には、ＮＨＫ受診料納付など、うまくいっていないものもある。なぜうまくいかないのか、その反省はあまりなく裁判に訴えるなど単純に高圧的に出るだけなのでますますうまくいかなくなるだろう。よい番組も作っているのだから納得できる論理を提示したらうまくいきそうなのに、どうも殿様商法に終始しているようだ。

道徳化達成の方法

さて、良いことの道徳化を達成するには「良いことの基準」をできるだけ多くの人々の意識世界に投入しなければならない。そのための方法として使われるのがマスコミによる徹底した宣伝である。三流紙のようなものでは駄目である。一流紙としての地位を確立した新聞社とそれの傘下のテレビ局および権威ある公共放送局などが使われる。そして、権威ある学者や評論家さらに茶の間に親しみのある芸能人などに肯定的な発言をしてもらう。一方、否定的な発言を出す研究者などはトンデモ学者などのレッテルを張りフェイクニュースとしての扱いにする。さらに右にあげた（四）に属する行為を巧みに利用して否定派を非常識な過激集団として十把ひとからげにする。今のところ、これらの手法は絶大なる効果を上げているが、今後ともこの効果が続くのだろうか。たぶん何も対策を取らなければ、このまま続くことになるだろう。ではどうするか。現時点ではよい方策は思いつかない。人々の目覚めに期待するよりほかはない。

第四章　霊界編

―この世と霊界は一体である―

人は死んだらどうなるか。霊界でこの世での生活と同じような生活を送っているという人もいるが、唯物論的思考法が一般的となった現代においては、無に帰して何もなくなるという人がほとんどであろう。われわれの意識は脳が作ったものなので脳が無くなれば意識もなくなると考えるわけだ。さらに意識は一体「誰が」あるいは「何が」経験しているのかと言えば、それは脳が経験していると答えるようだ。要するに物質に意識経験の能力を与えるわけだ。これは明らかに物質概念と矛盾している。物質には内も外もないからだ。この矛盾を解決するために私が考えた理論が唯心論物理学あるいは量子モナド論と呼ばれるものだ。本書ではこの理論に基づいて「私」とは何か、人間とは何か、そして人が作る世界がどうなっているかについて解説してきた。本章では、これをさらに進めて、死後の世界について考えてみたい。この考察の過程で、死とは何か、脳とは何か、身体とは何か、病気とは何か、健康になるためにはどうすればよいか、この世は何のためにあるか、これらに対する解答を試みる。

その際、幽体離脱、霊界報告、輪廻転生などに関わるさまざまな書物の記述を参考にした。私自身としては霊的経験は全くないのだけれども、それらの記述を非科学的な荒唐無稽なものとして捨て去りたくはないのである。というのは、私は物理学者であり、科学の中心に位置していると自負するものであるが、実際に世に流布している科学的なるものが単に有用なものに使えるものに過ぎず、ほとんど根拠のないものばかりだからである。霊的な記述もそれなりに意味のあるものと考えて、幽体離脱、霊界報告、輪廻転生などをモナド論的に可能な限り解釈することに努めた。

こうして得た解答は私としては十分に納得いく解答であると考えるも、唯物主義に傾いた読者においては反論したい部分も多分にあると予想される。また、霊界信奉者においてはこれは霊界の話ではないと感ぜられるかもしれない。いずれにしても、仮説的であり、自分のこれまでの経験に照らして納得できる話であると思っている。

脳（身体）を失ったモナドはどうなるか

受精卵に憑依したモナドがすべての人体細胞と対応関係を維持する形で結び付いて多細胞の生物体を作り上げ、それ全体を支配する意識モナドとなる。脳の成長とともに意識モナドも成長する。脳に取り込まれた記憶は意識モナドにも記録され消えることなく保存される。脳に蓄えられた記憶は脳の消滅とともに消えるが、意識モナドの内部に蓄えられた記憶は永続する。意識世界での経験はことごとく意識モナドの内部に記憶されるが、脳を経由した経験の記憶には脳はアクセスすることができる。すなわちその記憶場所のアドレスが脳に記録される。脳の消滅とともに消えるのはこの記録である。

意識モナドにとって脳（狭義の脳以外の身体も含む）はモナド協力系あるいはヘルパーである。（以下、モナド協力系のことを**ヘルパー**あるいは脳に重点を置いて**脳ヘルパー**と呼ぶ。）ヘルパーが無くなったからと言って、意識モナドが消えるわけではない。モナドは不生不滅である。またヘルパーが無くなるといってもヘルパーの構造が瓦解するだけで構成するモナドはなくならない。

意識モナドにとって、人の死は単にヘルパーによる補佐が無くなることを意味する。ヘルパーによる補佐が無くなるとどうなるか。まず、それまで脳から得ていた情報にアクセスできなくなる。そして、これまで脳を経由して行っていた他の人モナドとの通信ができなくなる。

ヘルパーが機能停止した後、意識モナドはヘルパーに依存しない形で意識世界を経験することになる。意識世界はもともとそのモナドの内部世界なのであるから直接的に経験可能なのである。問題はその意識世界の解釈である。解釈系としてはもともと基底レベルのものはあるが、高次レベルの人間としての解釈系はどうなるか。脳ヘルパーと共に成長してきた解釈系は脳ヘルパーと切れた後も意識世界に残り機能し、これまでと同じように経験世界を理解できる。ただし、成長は停止する。

霊界とは

脳ヘルパーと切れた人モナドすなわち「素《そ》の人モナド」は他の素の人モナドと通信を始める。他の素の人モナド同士で整合的な対応関係が成立するとそこに一つの高次モナド系としてのコミュニティーが出来上がる。これが霊界である。そしてそこに登場する素の人モナドがいわゆる霊である。霊界としての高次モナド系は一つではない。大きな高次モナド系もあれば小さな高次モナド系もある。いくらでもありうる。

霊界関係の書物に登場する霊たちは生前に知人であったり家族であったり、あるいはそうでない場合でも同じ文化圏の人物の霊であったりするのは、そのような人物の霊の間では通信の過程で整合的な対応関係が成立し易いからであると考えられる。

霊界に現れる霊は素の人モナドそのものではなく対応するイメージである。この点は、生前の意識世界に現れるモナドが対応するイメージであることと同じであるが、違いはヘルパーにつながっているか否かである。ヘルパーは膨大な数のモナドによって構成されているため物質化しており、ある意味「重たい」。それは丁度群衆の動きは予測できても個人の動きは予測できないのと同じ現象である。それに対して、素の人モナドのイメージである霊にはヘルパーがつながっていないので、「軽く」変幻自在なものとなりうる。だから霊は突然現れたり消えたりするのである。

この世の生活では沢山の物を所有することになるが、死後それらはどうなるか。意識世界内のモノはイメージなので死後も意識世界にとどまるが、脳ヘルパーを通しての操作はできなくなる。自分だけの意識内で自由な操作が可能であるが、所属する霊界内であれば他の素の人モナドにはその操作を伝えて通信しあうことはできるだろう。

霊界報告は夢の話に似ている

霊界報告の類の書き物を読むと夢の記述によく似ていることに気づく。そのためよく言われるのは単に夢を見ているだけの状態を霊界と勘違いしているのだという意見である。私も確かに霊界報告と夢の報告の区別は難しいと思う。しかしながら、夢とは何かよくわかっていないのではないか。夢といってもそれはわれわれが実際に見聞きする意識世界での出来事である。夢は睡眠中に見る。ということは脳が意識モナドに「外界」情報を与えていないときに見る。脳と意識モナドの結びつきが弱くなった時に夢を見る。そのとき、意識モナドは霊界に浮遊しているかもしれない。問題は霊界に浮遊中に経験したことを覚醒時にまで覚えているという点である。脳が完全に機能停止していればそれはあり得ない。睡眠にはレム睡眠とノンレム睡眠があるようだ。夢はレム睡眠時に見るといわれている。レム睡眠時には脳は半分機能しているようなので、夢の経験がある程度脳内に記憶されると考えられる。ノンレム睡眠中は夢を見ないといわれているが、これはノンレム睡眠は深い眠りで記憶中枢が機能していないため霊界浮遊中の出来事が脳に記憶されないと解釈できる。

また寝る前の出来事や見たテレビの内容が夢に影響するのも完全な霊界浮遊ではなく半分脳の情報を見ている可能性がある。両方が混ざって夢の不思議な表れが生ずるのであろう。

要するに、現実、夢、霊界は意識世界の現象としてひと続きのものである。

幽体離脱　―感覚器は何のためにあるか―

筆者はいまだ経験したことはないが、臨死体験と呼ばれる現象があるらしい。これも脳ヘルパーと意識モナドとの結びつきが切れた、あるいは切れかかっているときの現象であり、夢現象の強化版と考えられる。特に、幽体離脱においては、脳ヘルパーと繋がっていた時に見るのと同じ世界を見聞きしている。この見聞きは脳および感覚器を経由せずにできている。これは先に述べたように脳ヘルパーと共に構成した解釈系があるからである。しかし応答可能な対応関係は成立していないので、見聞きしている世界の出来事に働きかけることはできない。

ここで、一つ疑問が生ずる。視覚や聴覚といった脳の機能を使わずに見聞きできるとするなら、目や耳は何のためにあるか。その答えは「脳の自律性を維持するため」である。脳は意識モナドから情報を得ることはできない。脳が理解できる形で情報を得る必要がある。そのため感覚器官が備わっている。脳が見ている世界と意識モナドが見ている世界を一致させるために覚醒時には意識モナドは脳から情報を得て意識世界に反映させている。意識モナドは脳と同じ世界を経験し、行為するので、通常は脳による判断と矛盾することはない。しかし、脳が得た情報を意識が解釈し、それに基づいて意識が行為を発し、それを脳が動作として具体化する（情報↓脳↓意識↓行為↓脳↓動作）の流れでは反応が遅くなる。そこで緊急の場合には意識の介在なしに脳の判断だけで仕事が行われる（情報↓脳↓動作）。例えば、前にも述べたが、車の運転中に飛び出すものがあった場合には意識せずにブレーキが踏まれる。また手元から包丁が落下した場合など、考える間もなく足がよける動作を行う。また隣の部屋にある本を取りに行く場合、意識は目的の本だけに向かっておりそのために必要な手足の動きは脳が視覚情報をもとに勝手に制御する。

要するに、感覚器官を通した情報は脳のためにある。覚醒時に意識モナドはその情報と整合的な意識世界を経験するが、脳はその動作のためにこの意識世界を全く使っていない。もう一度繰り返すが、感覚器は脳だけのためにあり、意識世界のためにあるのではない。

モナドは不生不滅である。人モナドは脳ヘルパーと切れた後、素の人モナドとして霊界に住むわけだが、その後ずうっと霊界に住むのだろうか。あるいは別の受精卵に憑依して再びこの世に戻ってくることはあるのだろうか。また、上記の受精卵に憑依したモナドも初めての憑依なのかあるいは何度も行っているのか。このような疑問が出てくる。また、霊界紀行や霊媒関係の書き物を読むと前世の話がよく出てくる。本章ではこのような話は可能な限り肯定的にとらえ、モナド論の枠組みの中で解釈することを試みる立場をとっている。

そこで、前世あるいは輪廻転生を考える。どのようなモナドが受精卵に憑依するか。受精卵は父方の精子と母方の卵子の結合である。精子は父方の意識モナドの支配下にあり、卵子は母方の意識モナドの支配下にあるが、これら二つの意識モナドが受精卵に憑依すべきモナドを呼び寄せるとするなら、前世において両親のいずれかあるいは両方と因縁のあったモナドになると考えられる。これにより、意識の機能が両親と同程度となり、生物学的継続、文化的継続、霊的継続が達成される。しかしこの点に関しては以下に述べるような問題があり、そのような傾向があるとだけ言っておこう。

さて、ここで一つ疑問が生ずる。前世の記憶はどうなるか。われわれはふつう生まれてからこの方の記憶しかない。受精卵に憑依した意識モナドは脳ヘルパーの成長と共に成長し記憶を蓄えていくが、脳ヘルパーに蓄えられる記憶は受精以後のものなので、脳ヘルパーと結びついているときは脳ヘルパーを通しての記憶アクセスなので、前世の記憶は実質封印されている状態となる。脳ヘルパーと切れて、素の人モナドすなわち霊となったときには前世の記憶にアクセスできるようになる。また、子供時代には脳ヘルパーが完全にはできていないため、前世の記憶が現れることがある。これはときどき報告される現象である。

もう一つ問題がある。数の問題である。人モナドの前世が必ず人モナドであるとすると、人口はこれまでに人モナドとなったことのあるモナドの総数を超えることができない。初代人類(もしそれがあるとして)の人口がX人とした場合、その前世は人類以前の類人猿ということになる。それはそれとして、次世代の人間の意識モナドがみな人間の前世をもつとするなら、その人口はX人を超えることはできない。実際には人口は確実に増えており、現在八十億人に達している。ということは、この八十億の人間に憑依しているモナドの前世がすべて人間ということはあり得ない。例えば、生物学的近縁種なら、チンパンジーとか、ボノボとか、あるいはまったく別の蟻とか、桜とか、杉とかが前世である可能性もある。あるいはそもそも初めて生物種に憑依したモナドかもしれない。さらに想像をたくましくして前世が宇宙人であるという可能性もあるだろう。さらに、さらに想像をたくましくするなら後で述べる「別のこの世」から来たモナドかもしれない。

いずれにしても、前世が何であれ、この世の人生には基本的に影響ない。この世の人生は脳ヘルパーとともに新たに作っていくものだからである。前世の記憶が現れるのは、脳ヘルパーが未完成のとき、脳ヘルパーが休んでいて切れかかっているとき、死にかけたとき、死んだ後などである。

この世での生の意義

輪廻転生で一人の人モナドが何度でもこの世にあらわれるとすると、それにはどんな意味があるのだろう。まず、基本のモナドが人モナドとなるには脳ヘルパーと共に成長する必要がある。これは一回で十分ではないか。何べんでもする必要があるのか。

これはたぶん必要があってしているのではなく、霊界が退屈なので、この世に戻って来るのである。退屈の情念、楽しさの情念はモナドにもともと備わっている情念であり、楽しさの拡大の追及の結果として脳ヘルパーをもつ人モナドにまで成長してきたわけである。そして、脳ヘルパーの助けを得て、人モナドはさらなる楽しさの追求に勤しみ、さまざまなモノを作り、さまざまな組織を運営し、はたまた戦争までしでかしてきた。戦争も組織の支配者にとっては楽しみである。支配者にとっては平和ほど退屈なものはない。だから戦争はなくならないのだ。

脳ヘルパーは生命体の論理、すなわち、自己増殖、進化、勝ち負けの情念を人モナドに植え付け、それらと楽しみの情念を結び付け、その情念を強化した。このような人モナドが脳ヘルパーと離れて霊界に入った場合、次第にそこでの生活に退屈を感ずるようになることは十分にありうる。こうして、素の人モナドは新たな受精卵への憑依の候補者となる。もちろん、霊界での生活に安住してしまう人モナドもあるであろう。それは、退屈の情念、楽しさの情念の強化の程度と人モナドがもつようになった思想がそれぞれであることによる。

いずれにしても、人モナドがこの世に再び戻ってくるのは楽しみを求めてであり、苦しむためではない。

なお、「この世」とは脳ヘルパーを伴う人モナドが作る高次モナド系であるが、これが一つであるとは限らない。モナド論的には霊界と同様に無数にあると考えた方がよい。別の「この世」に入ることは不可能ではないが、整合的な対応関係を成立させることが難しく多分受け入れられないであろう。

霊媒

霊界にいる人モナドがこの世に戻ってきて他の人モナドと通信する方法としては受精卵に憑依して新たな脳ヘルパーをもつようになる方法以外に、既にこの世にいる人間（脳ヘルパーを持つ人モナド）に憑依してその脳ヘルパーを臨時に借りるという方法があるらしい。このような役をする人間を霊媒という。霊媒として働いている間、霊媒本来の人モナドはどうなっているのかというと、脳ヘルパーと切れているのだから霊界に行っているのかというとそうでもないらしい。いつでも戻れるように脇に控えているという感じである。また、脳ヘルパーを別の人モナドに貸している間のことは覚えていないらしい。ということはその間の脳ヘルパーの記憶中枢には憑依していたモナドの記憶領域のアドレスが記録されており、霊媒状態が終わった後では、そこへのアクセスは絶たれると考えることができる。

どのような人間が霊媒となり得るのか。筆者はいまだ霊媒に会ったことはないが、脳ヘルパーとの結びつきを容易に切ったり再び結びつけることができる能力と霊界の他の人モナドを呼び寄せる能力が必要なことは確かだ。

霊媒として働いている間はひどく疲れる例が多いようだ。疲れるのは人モナドではなく脳ヘルパーの方である。脳ヘルパーはこれまでとは異なる人モナドに対応するので疲れるのである。疲れすぎて場合によっては死んでしまうこともあるらしい。三島由紀夫の『英霊の声』に出てくる霊媒は最後に息絶えた。また、浅野和三郎はその妻を霊媒にして『新規の通信』や『小桜姫物語』を書いているが、浅野本人より奥さんの方が先に亡くなっているようだ。

スウェーデンボルグの霊界

スウェーデンボルグは十八世紀当代随一の科学者・技術者であったが、五十五歳の時にある啓示を受け霊能力をもつに至り以後霊界研究に転じ膨大な著作を残したことで知られる不思議な人物である。彼が霊界に関する膨大な著作をものにすることができたのは「死の技術」により自由に霊界に出入りできるようになったからのようだ。「死の技術」とは疑似的に死んだ状態に入り幽体離脱する技術であるらしい。幽体離脱中はこの世はもちろん霊界も見ることはできる。ただしこの世の出来事に作用することはできない。ストックホルム大火事件は、約五〇〇キロメートル離れた場所からこの大火災の様子を遠隔透視したとされる事件であるが、幽体離脱の技術を使えば可能であろう。

彼の霊界記述において特徴的なのは、キリスト教の世界観が色濃く出ている点である。もっともカトリック教会も宗教改革派もその伝統的聖書解釈を徹底的に批判しているが。彼が霊界において通信可能な領域がそのような範囲であったということであろう。

また、もう一つの特徴は輪廻転生は認めておらず、いったん霊界に入った人霊は永遠に霊界で暮らすことになるようである。人霊には始まりがあり、まず人間として始まり、肉体が滅びた後純粋の人霊となって霊界入りするということのようだ。要するに人間は人霊を生み出す卵のようなものというわけである。彼の霊界がこのようになったのは、科学者として霊界記述を矛盾なく再構成する過程で輪廻転生を認めない構造になったと見るべきであろう。輪廻転生を認めると、誰にでも前世の記憶がなければならなくなるが、スウェーデンボルグ自身も含め一般に前世の記憶をもっていない。それを説明するために前世はないということになったのであろう。これはもちろん本書の立場とは違うが、一つの整合的な理論ではある。あるいは、また彼自身前世をもたないため、通信可能な霊界が前世をもたない人モナドのコミュニティーであったからとも考えられる。ありうる話である。

なお、スウェーデンボルグについては今村光一氏の著書（『エマニュエル・スウェーデンボルグの霊界』など）および高橋和夫氏の著書（『スウェーデンボルグの「天国と地獄」』など）を参考にした。

悪霊と善霊

スウェーデンボルグの霊界には悪霊や善霊が良く出てくる。悪人が霊になったときに悪霊となり、善人が霊となったときに善霊となる。ただし、人間であったときには、脳の修飾を受けるので、善人の顔をした悪人や、悪人の顔をした善人などがおり、一筋縄ではない。霊になると、脳による修飾がない分ストレートに純粋に善人は善人の顔をもち、悪人は悪人の顔をもつようだ。

では、悪人、善人とはどんな人間か。それは簡単で、悪人は他人を苦しめることに喜びを見出す人間であり、善人とは他人を楽しませることに喜びを見出す人間である。これは、霊についても人モナドについても同様である。

そしてこれらの性格は前世からの因縁の上に脳ヘルパーと共に成長する過程で形作られる。善人と悪人の性格には脳ヘルパーすなわち生命体の論理が強く影響する。

病気と健康について

身体の病気についてモナド論的に考えてみる。人の身体を構成する細胞数はおおよそ六十兆個と言われているが、三十七兆個という説もあり正確なところはわからない。いずれにしても膨大な数であることには違いない。これらの細胞ももとをただせばたった一個の受精卵から始まっている。この受精卵に憑依したモナドがすべての人体細胞と対応関係を維持する形で結び付いて多細胞の生物体を作り上げ、それが全体を支配する意識モナドとなる。そして各構成細胞のそれぞれに代表モナドがとりついており、また、細胞内機関もそれぞれまとまった機能をもっているのでそれぞれに代表モナドがとりついていると考えられる。さらに、身体の各臓器及び臓器の各機能部分ごとに代表モナドがとりついているはずである。さらに、身体には受精卵に起源をもつ本来の細胞以外にそれに倍する数の細菌やウイルスが生息している。それらにも当然多数のモナドが関与している。このように人体は膨大な数のモナドの複合体となっている。全体を代表しているのが意識モナドである。この意識モナドは脳－身体を使って意識世界を拡大し生活していく。一方自律化した脳は意識モナドを操り脳を含む身体システムの調和の維持に努める。

病は脳ヘルパーからの警告

意識モナドが不適切な身体の使い方をして身体の調和が崩れてくると、脳は意識モナドに苦痛という形の警告を発する。この状態が長引いたものが病気である。例えば、人は一時的に息を止めることができるが、苦痛が増大してくるのでいつまでも続けることはできない。もしできればその身体は死んでしまう。この苦痛は脳が意識モナドに与えているものである。意識モナドは自由意志をもっているので、脳はそれを制御するために主に快と苦の情念を使う。

　風邪をひくと咳や熱が出、さらに体がだるくなる。これらは意識モナドにとっては苦痛である。そこで咳止めや熱さましの薬を飲むことになるが、これは脳の求めるものとは異なる。そもそも薬は身体より後に出てきたもので、脳にとっては薬という選択肢は想定外である。脳が求めているのは静かに暖かくして休むことである。これらの薬は身体の免疫反応を阻害するものなので、意識モナドは一時的には楽になるがさらに一層苦しむことになる。

　さらに言えば、風邪をひくこと自体が身体側からの警告である。風邪を引き起こすウイルスや細菌は生活環境中はもとより腸内や皮膚上さらには身体細胞中に普通に存在しているもので、身体は長年の経験で適切に対処できる機能を備えている。いわば共存共栄の状態に普段はなっている。意識モナドの生活スタイルが良くないためにその共存共栄バランスが崩れるのである。風邪はこのバランスの崩れに対する警告である。

脳内プログラムと意識内情念・観念

脳による意識モナドの制御方法としては苦痛だけでなく快楽による方法もある。快楽によりある行為を取らせるように仕向けるのである。通常の脳科学では報酬系による作用ということになっているが、脳が脳に報酬を与える意味が全く分からない。モナド論的にはモナド協力系としての脳が意識モナドが高次モナドとしての適切な行為が取れるようにその自由意志による行為を制御するのである。その方法として、モナドがもっている苦痛と快楽の情念を使うのである。その制御のプログラムには三種類ある。一つはモナド協力系が高次化する過程で出来上がったもので、遺伝情報として保存され、受精卵が成体になる間に脳にセットされる。いわゆる本能である。二つ目は個人の成長過程で脳に組み込まれたもので、環境からの学習効果である。三つ目は意識モナドの側からその思想に基づいて脳にセットするプログラムである。

これらプログラムに対応して意識内には情念・観念の体形が出来上がる。さまざまな状況においてこれらプログラムが作動するとそれに応じた情念・観念が呼び出される。意識内に発現した情念・観念は関連する行為を駆動する。このようにして脳は意識の自由意志を制御する。

右にあげた三種のプログラムのうち一番目は生命体の論理に基づくものであり、三番目は意識モナド自体の論理に基づくものである。そして、二番目は両方が混じっている。

一つ目の例としては性欲、食欲などの生命維持にとっての基本的快楽苦痛プログラムがある。二つ目の例としては不潔を避け清潔に向かう行為を促すプログラム、勝ち負けにこだわるプログラム、などがある。また、三つ目の例としては潔さや美しさに向かう行為を促すプログラムがある。

そして、前章で述べたように、これらプログラムが行き過ぎるとさまざまな依存症や、強迫観念症が生ずることになる。これら症状から脱却するには脳内プログラムの更新が必要になる。そのための近道はない。冷静なる思考、悟り、正しい知識、によることになる。特に重要なのは第三章で述べた邪悪な意図を以てわれわれの意識世界に投げ込まれたモノに付随するプログラムである。これらは冷静なる思考を以て排除すべきである。

身体側からの一揆としての癌

癌とは誠に不思議な病である。外から外敵が身体に侵入したわけでもなく、過剰な免疫反応が起こったわけでもなく、静かに体内に異常細胞が発生し、時を見計らい燎原の火のごとく体全体に広がる。この現象をモナド論的に考えてみた。

身体を含めた脳ヘルパーは膨大な数のモナドから構成されており、通常はそれらの間およびそれらの上に憑依している意識モナドとの間には整合的な調和が成立しているが、時に乱れることがある。それが身体の不調として現れる病気である。特に、人間では脳ヘルパーは高度に自律的であり、またそれに育てられた意識モナドも同様であり、両者の間に緊張関係が生じると、ストレスとなって、身体を含めた脳ヘルパーを構成している膨大な数のモナドが不幸を感ずるようになる。するとこれらモナドのうち一部のものが調和を離れて反乱を起こすようになる。これが細胞レベルに現れたものが癌である。いわば、領主の圧政に耐えかねた領民が百姓一揆をおこすのに似ている。暴力的方法によって一揆を鎮めようとする領主もいるだろう。そうすると一時的には一揆は鎮まるかもしれないが、しばらくするとまた発生するか、領国全体に活力が低下してその国は滅びに至るということになりかねない。癌を手術や抗がん剤で叩くのはいわば暴力的方法である。通常芳しい結果は得られない。一揆を鎮めるもう一つの方法は領国全体に善政を敷き、領主と領民の間に調和の取れた関係を築くことである。

癌の場合には癌を心静かに見守り、癌細胞に感謝し、心身の調和に努め、寿命の尽きるまでこの世の生を楽しむことである。

モナド間の調和回復の医療

この身体は膨大な数のモナドから構成されている。それぞれのモナドには自由意志がある。にもかかわらずバラバラにならないのはお互いに調和を保っているからである。そして、この調和の頂点にいるのがこの意識モナドである。別名「私」である。この調和の崩れた状態そのものの表れ、あるいは崩れを戻そうとする働きの表れが病気として認識されているものである。そこで病気を治すには、前者の場合には調和を戻すのに助けになるような措置、後者の場合にはその働きを邪魔しないことが基本の措置となる。

現代医療はこのような調和の回復という視点に立っていない。身体を機械のように見立て、各部品の機能を数値によって判定し、その数値によって身体の状態が判定でき、その数値を操作することによって健康が保たれると考えているようだ。「健康のために年に一度は検診・健診を受けましょう」という標語にそれがよく表れている。まさに車検と同じだ。人体を車と同じに考えていることがよく分かる。そして数値操作の方法としてさまざまな薬が開発され使われている。諸数値が基準値内に入っていることが健康の定義とされているので、薬によって数値を操作すれば「健康」になれるわけだ。しかし、これによって心身の調和が回復することは望み薄で、ますます調和は崩れることになりさらに薬が必要となる。多剤服用である。なお、ここで薬と言っているのは単に錠剤や注射液となっている物だけでなく、心身の調和に影響するものすべてである。例えば、食べ物、目や耳から入る情報、運動などすべて含む。

健診で得られる数値よりも体調すなわち脳ヘルパーが意識モナドに発する身体の健康に関するお知らせに従うのが理にかなっている。その身体について一番よく知っているのが脳ヘルパーだからだ。癌の項で述べたが、心静かに心身の声を聴き、病に感謝し、心身の調和に努め、寿命の尽きるまでこの世の生を楽しむこと。これが調和の回復という視点に立った生き方である。心身の声が何も聞こえない人はすでに健康なのだ。そのまま人生を楽しめばよい。医者の言うことを聞けという声が聞こえたら、医者の指示に従ったらよい。それによって安心を得ることができる。安心にはそれなりの薬効はあるようだ。聞こえる声は人それぞれだ。

私事についていえば、以前は喘息もちで、年に二、三回は数日寝込むほどの風邪をひいていたが、十年ほど前から喘息も消え、全く風邪をひかなくなった。もちろんコロナにもかかっていない（ＰＣＲを受けたら陽性だったかもしれないが）。これも衣、食、住を脳ヘルパーの声に従って改善したおかげである。薬により細菌やウイルスを殺すことによって健康になれると考えるとしたら、それは大きな誤りである。

なお、ここでは現在の医療システムに否定的なことを述べてきたが、筆者の意見としては現在の医療システムは緊急医療に特化すべきものと考える。癌も含めて慢性病に関しては調和回復医療を展開すべし。調和回復の見込みのない不可逆的変化をきたした人に対してだけ現状の科学的医療あるいは緩和医療ということになろうか。これにより現状の膨大な医療費は大幅に削減できるだけでなく、人々の健康度と幸福度は上がることになろう。ただし、この膨大な医療費に依存している集団を除いて。

前にも書いたが、現代医療の下で親の最期をみとった人はほとんどみな自分はこのような最期を迎えたくないと思うだろう。現代医療は人の最期を看取る方法についてもっと研究すべきではないか。私の祖母は私が小学校二年の夏に自宅の布団の上で家族全員に見守られながら八十四歳で亡くなった。医者が脈をとって「ご臨終です」となった。周りを見回すと、泣いている人もいた。それを見て微笑んでいる子供もいた。たぶん日ごろ涙など見せない大人が泣いていたからだろう。そのあと通夜に続いて盛大な葬式が始まった。僧正衣装の坊主が何人も来てお経をあげていた。そのあたりで有名な乞食坊主も来た。墓まで行列を作って棺を運んで埋めた。土葬であった。以後こんな葬式は見たことがない。

葬式や墓はなくてもよいが、死は自宅あるいは自然の中で迎えたい。病院のベッドの上で沢山の管につながれて死にたいとは思わない。これまで働いてくれた脳へルパーにありがとうと言って霊界に旅立つ。なんとすがすがしいではないか。かように看取りの研究には霊界研究が必須であるが、現代医療の世界では無理であろう。

霊的生活の方法

かなり前であるが、かつて渡辺昇一氏の著書『知的生活の方法』がベストセラーになったことがある。今でも売れているようである。そこで、この著書に敬意を表しつつ「霊的生活の方法」について少しばかり書いてみる。霊的生活とは、端的に言うならば、この世のモナド系としての仕組みを理解して生活することである。なお、ここで霊というのは人モナドの別名である。

人モナドの基本的特徴は意識世界の拡張への志向に面白さに向かう情念が強力に結び付いている点である。意識世界の拡張への志向はモナドの基本的性格であり、これに関連する行為には快の情念が本来伴うが、これが脳ヘルパーによって強化され、強く面白さを求めるようになった。人類の文明も戦争も結局この強化された面白さを求める志向の導きによってもたらされたものである。この「面白さ志向」にはよい面もあるが悪い面もある。よい面を伸ばし、悪い面を避けるのが霊的生活の基本である。

個人的生活においての面白さの追求

人モナドにとってこの世は脳ヘルパーと共に成長し大いに楽しむべき世界である。潔く、晴々と、グダグダ言わずに、寿命の尽きるまでこの世を楽しむ。これがこの世の過ごし方の王道だ。もちろんグダグダしたいときはしたらよい。決めつけてはいけない。楽しめない最大の理由が、脳内の常識プログラムである。脳内の常識プログラムに縛られる必要もない。無意味な常識プログラムを脳内に育てないように注意しよう。育ててしまった人は、モナド論の観点に立脚して、その無意味さを悟ることである。されば消えていくことだろう。悟れない人は常識プログラムに縛られて生きていくことになるが、それも人生だ。

また、善人と悪人があるが、悪人もこの世を楽しむことができるか。もちろんできるが、悪人は他人を苦しめて楽しむので、人が寄らなくなり、孤独な人生となるか、あるいは悪人仲間で互いに苦しめあって楽しむ人生になるかどちらかだ。霊界に行っても同じこと、というか、脳による修飾がない分さらにはっきりした状況になるようだ。一方、善人の場合には人を楽しませて喜ぶので、ますます人が集まり、より創造的に楽しい人生となる。善人と悪人とどちらを選ぶかはそれぞれの人モナドの勝手であるが、前世からの因縁もあり、そう簡単ではないかもしれない。

仲間について

仲間をもつことは意識世界拡張にとって意味のあることである。ただし問題は、人には善人だけでなく悪人もいるという点である。善人は人を楽しませることに喜びを見出す性格をもつ。楽しさはそれだけで世界が広がる。だから善人を仲間にもつことはよいことだ。いっぽう悪人は他人を苦しませて喜ぶ性格をもつ。特に悪いのは他人を奴隷化しようとする。それも意図せずに。だから悪人には近づかないに越したことはない。とはいえ、諸般の事情で悪人のそばに居なければならないこともあろう。そのような場合には、悪人を観察して楽しもう。

人は多かれ少なかれ悪人の要素と善人の要素の両面をもっている。悪人として扱えば、悪人の要素が出、善人として対すれば善人の要素が出る。作用反作用の法則である。悪に対しては悪が返り、善に対しては善が返る。これは人モナドに対する場合だけでなく、動物モナド、植物モナドに対しても同様である。動物についてはよく見られる現象で、容易に納得できるであろう。例えば、犬を怖がれば、犬は凶暴さを発揮する。怖がるということは犬に悪を見てそれを怖がっているわけだ。だから犬の悪が前面に出てくる。怖がらなければこちらを無視する。さらに手招きするとしっぽを振って近づいてくる。人の場合の反応はもっと複雑だが基本は同じだ。植物に対しては意見が分かれるだろう。植物には脳がないから、善悪の反応があるはずがないというのが大方の見方だろう。確かに神経脳はないが、モナド論の立場では植物もモナドの組織化された集合体であり、植物個体全体が脳であるといってよい。この脳に憑依する意識モナドが植物モナドである。当然のこと善悪の情念を有している。なので、バクスター効果（植物が人の思考に対して情動反応を示す現象。クリーヴ・バクスターが一九六六年頃うそ発見器による実験で見つけた。ただし、現代の正統派科学では否定されている。）のようなものもあって不思議ではない。未だやったことはないが、今後植物との対話を試みてみたいと思っている。

さて、人、動物、植物と来ると、次は物である。物を仲間にすることはできるだろうか。当然できる。物もモナドの集合体であるが、生命体のように組織化されていないので、物に憑依するモナドはない。しかし、物が意識世界に取り込まれてモノとなったとき、そのモノに憑依するモナドがあってもよい。ただし、それはその意識世界の持ち主とのみ整合的な関係イメージを成立させることができる。他人から見たらそれはただの物体にすぎない。こうして取り込まれたモノによりその意識世界は豊かな世界になる。ただし、そのモノがよい影響を与えるか否かは取り結ぶ関係イメージによる。

旅行について

人モナドは旅行を楽しむ。それは意識世界が拡張されるからである。旅行は自分の意識世界に今までと違った世界を映しだす。人において、地形において、言葉においても、現れるさまざまな物において。しかし映し出すだけなら、小説を読むなり、映画を見るなりしてでもできる。旅行がこれらと違うのは映し出される世界に作用を及ぼすことができる、すなわち関係が相互的であるという点だ。このため、旅行には小説や映画とは違った面白みがあるのだ。

相互的な異世界を意識世界に映し出す方式には現実の旅行以外に白昼夢や寝ているときの夢などがある。これら夢の中に現れる人モナドに話しかけたり握手したりできるのであるが、この人モナドはこの意識世界の所有者とのみ整合的な関係イメージをもっているだけである。この点が現実の旅行と異なる点である。ただし一人旅はかなり夢に近い。だから、一人旅と連れ旅とでは大きな違いがある。

夢の話のついでに、夢枕に現れたお爺さんのお告げに従って馬券を買ったら大穴を当てたといった話をときどき聞くが、このお爺さんは何なのだろう。この世にはいない人なので当然霊界の住人である。霊界だろうと、この世の先のことはわかろうはずがないので、霊界で仕組んだ八百長だろう。あるいはこの世での八百長を霊界の住人が察知して教えてくれたとも考えられる。たまには霊界散歩を楽しむのもよい。

物の所有について

先に仲間の項で述べたが、この世において沢山の物を所有することは意識世界に沢山のモノを詰め込むことになる。これは必ずしもその意識世界を豊かにすることにはならない。他所からいつの間にかはいり込んだモノは雑多なモノであり、その意識世界を支配するようになり、調和ある美的な関係イメージを作り上げることなく、いつまでも居座り続ける。雑多なモノが増えるのは意識世界を拡張しようという傾向がモナドにそもそも備わっているからであるが、人におけるその傾向は生命の論理によって強化されたものであり、モナド本来の生活を美しく楽しく喜びに満ちたものにするとは限らない。雑多なモノは逆にこの意識世界の中の自由な活動領域を狭めることになる。だから、雑多なモノは捨て、自ら作り上げたモノ、自ら取り込んだモノによって意識世界を美的に拡張するのが正しい方法である。それでこそ自由に生きられる世界となる。テレビを見ていると、さまざまな運動器具、薬、サプリ、衣料品、保険、ローンと次々と広告宣伝のシャワーが浴びせられる。これらはすべて無意味な雑物とみなすべし。ひねもすボーっとテレビを見ている隠居生活者が特に危ない。テレビは捨てよ。雑物は捨てよ。美しい生活を心がけよう。

健康法について

健康については、再三言うが、権威筋が発するいわゆる健康常識は捨て、自らの脳ヘルパーの声に耳を澄ませ、心身の調和に努め、寿命の尽きるまでこの世の生を楽しむことである。

ここで具体的なことを一つだけ言っておこう。それは「糖質制限食」。これは食生活の王道である。しかし、強制されたり、人から進められたりして始めたのでは、よい結果は得られないだろう。また、必死なのもよくない。心身にストレスを掛けることになり、病状を悪化させる。よく癌などの病気を治すために必死にケトン食（糖質制限食のさらに進んだ食事法で癌細胞を兵糧攻めにする効果があると信じられている）に取り組んでいる様子を記しているブログなどがあるが、読んでいてこちらの気分まで暗くなる。是非とも治したいという気持ちはわかるが、その必死さがよろしくない。霊界散歩でもしながら明るい気持ちで日々過ごすことをお勧めする。（なお、糖質制限食については『ドクター江部の糖尿病徒然日記』のウェブページが一択である。また『たがしゅうブログ』では糖質制限食を含めて健康問題一般について秀逸な論理を展開している。この二つサイト以外に賛否両論いろいろな記事が出回っているが、ほとんどがでたらめな内容で無意味、参考にしない方がよい。)

家、衣服、車など、機能より美を第一にすべし

住まいとはモナド的には意識世界の拡張のうち特に自己に近い部分の拡張である。意識世界の拡張のうち最も自己に近いのは脳ヘルパーであるが、それに次ぐものである。住まいは単なる場所ではない。住まいは目に見える形での自己の拡張である。この意味で、衣服や車も同様である。目に見える形ということはデザイン重視ということである。機能は二の次である。そもそも機能とはある目的があって、その目的に役立つ働きを言うわけだ。この場合、デザインが目的なので機能はデザインのための機能でなければならない。よいデザインとはモナドが本来もっている美への情念にかなう姿かたちのことである。草木や動物が美しいのも背後にモナドの美への情念が作用しているからだろう。進化の過程で、そのような形が生存しやすかったからだというのが、通常の科学での説明だが、そうではないだろう。生存のしやすさだけでこれだけの多様な美が生まれるとはとても考えられない。進化中

立説で説明しようとする人がいるかもしれないが、進化中立説では美だけでなく醜もたくさん生まれることになるだろう。ここで淘汰説が出てくる。何らかの理由で淘汰が生じ、残ったものが美と解釈されるようになったと。要するに淘汰が先でそのあとに醜美の感覚が出たとする説である。モナド論の立場は逆で、醜美の感覚がまずありそれによって美が選択され醜が淘汰されたと考える。

住まいはまず美的でなければならない。衣服においてわれわれは通常美しさに注意が向くであろう。寒暖に対する機能はその次になる。家についても同様である。美はモナド間の調和の中にある。調和があるということは住みやすいということでもある。車を購入するときもデザイン第一に決めるのがよい。末永く乗り続けることができる。最初の車検日が来る前に乗り換えるという方針の人の場合はこの限りではない。しかし、そのような車は自己の拡張とはなりえない。

ここで、美と言っているのは単に幾何学的な形のことではない。それも含めて、その動き、立ち居振る舞い、発する音声すべてが醸し出す美である。美への情念はモナドに本来的に備わっているが、基底モナドが人モナドまで成長する過程で脳ヘルパーによって強化されている。この強化は脳ヘルパーの生命体としての論理により方向づけられ、さらに誕生から成長するまでの間に文化的にも方向づけられる。このため、美の感性の表れは、男と女、子供と大人、さらに人それぞれとなる。特に常識プログラムにより多分に美の感性はゆがめられている。

多くの女性は毎日鏡に向かって化粧に余念がない。これは他人に見せるためというより鏡の中のきれいに化粧した姿を見てうっとりするためであろう。これで美的な自己イメージを作っていると解釈される。男で化粧をする人はあまりいないが、ひげをそったり髪の毛を梳かしたりで、鏡をほぼ毎日を見ているので同じことだろう。こういった日々の習慣も美への情念に基づく行為であると言えるが、常識プログラムによってかなり影響されているようだ。

服装についても美を第一とすべきだろう。ただし、一般基準による美ではなく自分が美と感じる美でなければならない。自己イメージの美的拡張により日々元気に過ごせるだろう。また、服装には男女の区別があるが、サイズさえ合えば、男が女用の服を着、女が男用の服を着ても何の問題もない。しかし通常は奇異な目で見られる。特に男が女用の服を着た場合にその傾向が強いだろう。その逆の場合にはそれほどでもない。むしろ「男装の麗人」などと言ってもてはやされる。この違いはどこにあるか。やはりその源は西欧文明における男尊女卑にあるだろう。その文明を取り入れた明治以降の日本にも当てはまる。いずれにしてもこういった常識プログラムには縛られずに自由に生活するのがよいだろう。ただし、無理をすることはない。できる範囲で。

詐欺について

人生の途上で一度も詐欺にあわなかったという人はほとんどいないのではないか。詐欺はだます方とだまされる方の共同作業である。どちらか一方では詐欺は成立しない。何故人は詐欺を働くか。それは面白いからだ。だましに成功するのが面白い。これはギャンブラーの心性である。だまされる人を見るのが面白い。これは人を苦しめて喜ぶ悪人の心性である。世の中には悪人とギャンブラーの心性を兼ね備えた人がいっぱいいる。さらにだまされる人もいっぱいいる。だから詐欺はなくならないのだ。

詐欺師の手法は相手に夢を見させ、その中で相手を巧みに誘導するというものだ。だから、詐欺に合わないためには夢から直ちに覚めることだ。いったん夢の中に入ってしまうとそこから抜け出るのは難しい。他所からもちかけられるお金がらみの夢には近づかないのが一番だ。

目指すべき社会は？

以上は個人的生き方の問題である。さてその上で、この社会についての対処方法を考えなければならない。悪人が作る社会システムでは生きづらいが、善人が作る社会システムも往々にして生きづらい。それは善人は概して無能だからである。単に息苦しい社会だったりする。そして、善人の顔をした悪人が作る社会、これが一番たちが悪い。現代はほとんどの社会がこの状態だ。善人の顔をした悪人は自分が悪人だと気付いていない場合が多い。だからタチが悪い。善人にしてかつ有能な人が作る社会はなかなか実現しない。ここで有能というのは単に実務能力が高いという意味ではない。楽しい社会を作る能力が高いという意味である。

われわれは常日頃住みよい社会を作りたいと考えている。その際重要なことは社会は、国家は何のためにあるのかという点をはっきりさせることである。専制君主をいただく国家、あるいはあからさまには見えないけれども背後にいて専制君主的な存在となっている個人あるいは集団（巨大株主集団など）がいる国家では、その国は専制君主あるいは隠れた専制君主的存在のための道具である。そのような国の国民は不幸である。政府の経済顧問となっている外国人の発言が「この国の中小企業は効率が悪いので、すべて潰して大企業に統合すべきだ」との趣旨の内容であったが、これなどは国家をそしてその国民を巨大株主のための道具として考えていることが良くわかる発言である。このような人物が政府の経済顧問に雇われているということは、全く理解に苦しむが、たぶんその筋から送り込まれた人材であろう。

そもそも、人は何のために仕事をするのかと言えば、それは仕事を通して人生を楽しむためであり、決して株主の言う効率のためではない。だから、効率が悪かろうと楽しく仕事ができたらそれでよいのだ。

そこで、目指すべき国の形は専制君主あるいは隠れた専制君主的存在のための国ではなく、「みんなのための国」ということになるが、この標語がまた危険なのである。労働者のための国家であるはずの共産主義国家が結局のところ共産党のための国家、さらには党主席のための国家に成り下がっている現実がある。前に述べたように「みんなのための国家」は平等主義国家であるが、平等主義は不安定であり、結局、実質的専制君主に乗っ取られるのである。主義や思想によっては平等は達成されない。もちろん共産主義者の好む闘争によっても達成されない。それが一番危ない。

現代においては共産主義国家のような顕在的専制君主のいる国家は早晩立ち行かなくなることが予想される。問題は潜在的専制君主的存在に支配されている国である。潜在的専制君主的存在は巨大金融資産を有し、それにより国家を、そして世界を支配しようとしている。しかもその金融資産は、前章で述べたように、正金と区別のつかない贋金をつぎ込んで巨大化させたものである。贋金で回っている経済システムはいずれ破綻する。

そもそも、金融システムは生産と消費をスムーズに流れるようにするのが目的である。しかし現状は金融を操作して儲けようとするギャンブラーや悪人が跋扈する世界となっている。この世界の破綻後にできるシステムについては前章の174ページで述べたようなところが期待されるが、具体的にどのようなシステムになるかは分からない。今後モナド論に基礎を置く金融システムを考えてみたい。

もう一つ現代社会において大きな問題として戦争がある。戦争はなぜなくならない。それは面白いからだ。国家間戦争は子供のケンカと同じ現象である。面白いことに人は熱中する。だから、戦争技術は日進月歩なのだ。どこかの大統領が二つの都市に原爆を落とすことを決定したのもその破壊力を実地に試したかったからだろう。戦争は常に「正義のための戦い」として始まる。これは詐欺師の手法である。われわれとしてはこれにだまされないようにしなければならない。

この世は悪人と無能な善人に支配されている。表に現れているのは無能な善人であり、その背後に悪人が控えている。悪人や無能な善人をなくすことはできない。それは生命の論理で悪人や無能な善人を含む多様な人間ができることが必然だからである。だから、必要なことは彼らに力をもたせないような政治システム、金融システムを作ることだ。これが今後の人類社会の課題だ。

あとがき

やっと書き上げた感がある。前著『唯心論物理学の誕生』を出したのが一九九八年。この著書のもとになった論文『量子モナド論（Quantum Monadology ...）』を発表したのが一九九二年。さらに、ライプニッツのモナド論に目覚めたのが一九七〇年代の学生時代である。以来五十年にわたってモナド論は私の頭の中に、ある時は前面に現れ、またある時は片隅にひっそりとではあるが、つねに巣くっていた。今やっと解放された。以下量子モナド論完成への経過を簡単に述べてみたい。

数年前に実家整理の時に昔のノート類が多数出てきた。それらは私が京都の吉田山山中の下宿でくすぶっていた時に書いたものだ。ざっと見てみると、量子モナド論の基本的アイデアはすでにそのころ出そろっていたようだ。その当時の生活では私はマクロビオティックに凝っていた。これは桜沢如一が広めた玄米菜食を中心とする陰陽食養法であるが、たまたま下宿の大家がそのその如一の直弟子のひとりであったため、私も影響を受けたわけである。当時体調は相当に悪かったので、マクロビを始めたわけであるが、実際にどの程度効果があったかは不明である。可もなく不可もなしといったところか。現在の私の食事法とは真逆であるが、その陰陽論など現代科学に縛られない構想力といったものはモナド理論を構築する上で役立ったと思う。

その当時のもう一つの思い出としてはイタリア行きがある。たまたま大学に来ていたイタリア人の教授が「暇しているなら俺のところに来い」ということで行くことになったようだが、定かでない。南回りの飛行機で、夕方大阪を出て朝方チューリッヒ着、その後ミラノまで列車、ミラノ着は予定では昼頃だったが、手違いで夜中になってしまった。それでも、ミラノでの一泊は「この道を進むとホテル街があるからそこで適当に宿をとればよい」との旅行手配人の言葉通りに一泊。翌朝はミラノ駅から列車で目的地近くの町まで行く。そこで先の教授に合流。目的地のカメリーノは丘の上の中世都市がそのまま残っているところであり、何とも別世界に入り込んだ気がした。その別世界に半年ほど滞在したのち再び京都の下宿でくすぶる生活に戻った。このくすぶり生活中に量子モナド論の数学的構造はほぼ出来上がった。

そしてこのくすぶり生活をそろそろ切り上げようと思っていたところ、またしてもたまたまポーランドから来ていた数理物理分野で有名な教授のところに行く話があり、即その話に乗った。着いたところはコペルニクスの誕生地で有名なトルン市のコペルニクス大学。その教授は日本語に興味があり、大学で早朝講義として日本語を教えていた。とはいえほとんど日本語はしゃべれないので、私がその補助に出ることが役目である。週一回の早朝講義である。その他、教授の議論にときどき付き合う以外は全く自由で量子モナド論の論文を完成することができた。

量子モナド論の論文は世界モデルを提示することを目的としており哲学的内容の論文である。哲学的論文は物理学関係の学術誌には載せてもらえないのが普通である。言葉だけの哲学論文はもちろん載せてもらえないが、抜け道がある。理論全体を数学的体系として表現すると理論物理学の論文として認められる。筆者はこの戦略を取り、徹頭徹尾数学的に量子モナド論を構築した。レフェリーの評は自分の意見とは違うが数学的には整っているので載せてよいだろうというものだったと聞いている。

そうこうする内に日本での就職口が決まり、ポーランド滞在を一年余で切り上げ日本に戻ることになった。すでに不惑の年になっていた。就職して給料をもらう身分になると、モナド論のことばかり考えていればよいというわけにはいかないが、大学というところは一般の会社とは違ってかなり自由が利く。とはいえ、時とともに文科省などにいる管理好きの人たちとそれらに迎合する大学上層部が全く生産性のない書類作成などの雑用を増やしてくる。それら雑用を適当にこなしつつモナド論のさらなる展開を構想していると、その数学的仕組みは良しとしてもその意味するところが良くわかっていないのではないかと、そして、一度全体を平易な言葉で解説してみようと思い始めていたところ、たまたま本を書いてみないかという話があり、出来上がったのが『唯心論物理学の誕生』である。

量子モナド論は世界モデルである。ということはそれによりわれわれの経験することのすべてが原理的に説明できるはずのものである。しかし、この前著は唯心論が現状の物理学と矛盾なく展開できることを示すのに主眼点が置かれ、「すべて」の説明には簡単に触れただけであった。その前書きに「いま私は、来たるべき二十一世紀、現在は小さな試みに過ぎないこの唯心論物理学が成長し、その上にさまざまな学問分野が開花するであろうことを夢見ている」とある。現在は紛れもなく二十一世紀。しかし、何も開花していない。そこで、本書では浅学にもかかわらず私自身さまざまな分野に踏み込むこととなった。

本書では数式は一切出していない。そのため縦書きとなった。さらに数学的概念もほとんど使ってない。

数学とは一定の規則の下でできる構造物を記述するための言葉である。この言葉は構造・機能は記述できてもそのもとになっている要素そのものは記述できない。例えば、ユークリッド幾何学では公理系から出発して幾何学全体を構成しているが、公理系で使っている点や直線は無定義用語となっている。点や直線の関係性は記述できても、点そのもの直線そのものについては何も言っていない。われわれの意識経験を数学で表す場合も同様である。意識経験そのものは表せない。特定の周波数の電磁波と赤い色を結び付けることはできても、「赤い色」そのものは表せない。ピアノのドの音を特定の周波数の音波に結び付けることはできても「ドの音」そのものを表すことはできない。電磁波の周波数や音波の周波数は数学で扱うことはできるが、われわれが経験している色や音とはそもそも何なのか数学では答えられない。

さらに、規則から作られる構造物にしても、その作り方は規則には書いてない。実際に作る人の直観や創意工夫によってできるものである。ユークリッド幾何学においても、多数の例題があるが、例題そのものは直観や経験から出てくるものだ。証明はあとから公理系から導かれるだけだ。公理系から例題が出てくるわけではない。同様に量子モナド論の数学的仕組みから自動的に人モナドの高次モナド系が出てくるわけではない。それはモナド自身の自由意志による創意工夫と他のモナドとの通信による創発的変化によりもたらされる。あるいは歴史があるといってもよい。

本文にも書いたが、点や直線が無定義用語であるといっても、それらの言葉が出たときにすでにそれらに意味を与える直観、情念、観念が結びついている。だからこそ公理系や諸例題が作れるのである。幾何学以前にすでに幾何学的直観は存在している。そして、幾何学の出発点はこの直観にある。同様に、「赤」や「ド」はそれらを感知し意識した時点でその意味が情念として結びつく。そこがモナド論の出発点となる。

このように数学以前のところに立ち返って、記述を試みたのが本書である。だから題名は『唯意識論の試み』となった（なお、刊行に際しては一般向けの著書として本書の内容をより包括的に表すタイトルが付けられている）。モナド論には幾何学とは異なり、モナドたちが内外照合しつつ統合されて高次モナドを作る発展の仕組みが入っている。モナドの将来的にはこの発展の仕組みを記述する数学（モナド算法）を開発する予定である。よりすっきり記述することが可能になるであろう。

このようにしてできたのが本書である。書いていくうちに当初の予定にはなかった霊界編まで出てきた。モナドは不生不滅なので、当然の成り行きではある。霊界というと何やら神秘的な世界の話のように聞こえるけれども、筆者には全く神秘的経験はない。にもかかわらず、本書では霊界についてかなり肯定的な記述になっている。というのもモナド論から見るなら、霊界はわれわれの意識世界の一つの表れとして解釈可能であり、神秘性を漂わせる必要がないからである。というか、われわれの意識世界そのものが神秘であるといってもよい。霊界とこの世は同程度に神秘なのだ。

私はときどき前世はカール・マルクスではないかと思うことがある。マルクスは唯物論を基礎にしてすべてを説明しようとした。しかしそれでは人間の歴史を説明するのが無理なことが分かり、唯物弁証法なるものに出発点をすり替えた。唯物と弁証法は本来結びつくものではない。弁証機能を備える物質というものは既に物質ではない。これを強引に唯物論としたことにそもそもの間違いがある。基礎に矛盾した原理を置くと何でもありの理論体系が作れる。この理論から導かれた共産主義がでたらめな世界を作ってきたことはこれまでの現代の歴史が示している通りである。マルクスはこの現状を霊界から観察し、自分が間違っていたことを悟り、すべてを説明するには唯心論に立脚しなければならないことに気づき、新たにやり直すためにこの地上に戻ってきたと……。

解説

保江邦夫

破格の理論物理学者である畏友中込照明君の素晴らしい前著『唯心論物理学の誕生―モナド・量子力学・相対性理論の統一モデルと観測問題の解決―』（海鳴社）の巻末に寄稿した解説文の最後を、僕はノーベル物理学賞を受賞した数理物理学者ロジャー・ペンローズの言葉を引用した次のような文章で締めくくりました。

ペンローズは「いずれは、意識が純粋に物理的な世界の中に自分の席を見つけられるような理論へと導かれることだろう」と締めくくっているのですが、もしこれが彼の求める究極の物理学の姿であるならば、それは畏友中込照明君によって既に完成した理論体系として実現されていることを知るべきでありましょう。

私たちは、本書を読み進むことにより、ペンローズが未来に予測したまったく新しい物理学に、世界に先駆けて出会うことができるのです。

この「意識が純粋に物理的な世界の中に自分の席を見つけられるような理論」こそが前著で紹介された「量子モナド理論」に基づく「唯心論物理学」だったのですが、そのときから25年の月日が流れた今、中込照明君はさらなる究極の理論体系を我々に提示してくれているのです。それが万人向けに平易な言葉で本書『万物の起源―唯意識論が全てに答える―』に綴られた「唯意識論」であり、まさに人類の未来が求める「万物理論」に他なりません。そう、

- 宇宙とは何か?
- 物質とは何か?
- 生命とは何か?
- 人間とは何か?

などの自然界の構成物についての問いかけだけではなく、

- 言葉とは何か?

- 病気とは何か？
- 国家とは何か？
- 価値とは何か？
- 良いとは何か？
- 所有とは何か？

などの社会的な構成物についての問いかけに始まり

- 霊界とは何か？
- 霊媒とは何か？
- 悪霊とは何か？

などの形而上学的な構成物についての問いかけに到るまで、全ての問いかけに答えることができるのが中込照明君の「唯意識論」なのです。

それだけでは、ありません。霊感商法や新型コロナウイルスワクチン、さらには定期健診や金融商品からＳＴＡＰ細胞騒動までの常識の数々をいとも簡単にスパッと切り捨てるという、痛快無比な一面も惜しみなく披露してくれています。これに接してさえいれば、現代の世の中に充ち満ちている搾取や裏切り行為あるいは詐欺や誹謗中傷といった悪意の権化が降りかかってきたとしても、その全てを見抜いて笑い飛ばしてしまうことができるはず。その意味では、現代人の座右の書であり、全ての宗教を超えた聖書でもあるのです。

現代に蔓延るスピリチュアル系の著者が束になってもかなわない智の鉄人、それが畏友中込照明君であり、僕、保江邦夫はここに彼の手になる現代の聖書『万物の起源——唯意識論が全てに答える——』を思慮深い読者の皆様に心を込めて推薦させていただきます。

著　者：中込　照明（なかごみ　てるあき）

1951年山梨県生まれ。

京都大学理学部卒。理学博士。高知大学名誉教授。

専門は理論物理学、情報科学。

趣味は霊的プログラミング、７０過ぎからのピアノ、天然菜園など。

万物の起源

2023年4月27日　第1刷発行

発行所　㈱海鳴社　http://www.kaimeisha.com/
〒101-0065　東京都千代田区西神田２－４－６
Eメール：info@kaimeisha.com
Tel.：03-3262-1967　Fax：03-3234-3643

発 行 人：横井　恵子
組　　版：海　鳴　社
印刷・製本：モリモト印刷

出版社コード：1097

ISBN 978-4-87525-360-0　落丁・乱丁本はお買い上げの書店でお取り換えください